何 去 何 从

——数字化时代的商业银行转型

蒋亮　张德茂　郭晓蓓　著

中国金融出版社

责任编辑：马海敏
责任校对：李俊英
责任印制：程　颖

图书在版编目（CIP）数据

何去何从：数字化时代的商业银行转型/蒋亮，张德茂，郭晓蓓
著．—北京：中国金融出版社，2021.1
　ISBN 978 - 7 - 5220 - 1057 - 1

　Ⅰ.①何…　　Ⅱ.①蒋…②张…③郭…　　Ⅲ.①数字技术—应用—商
业银行　　Ⅳ.①F830.33 - 39

中国版本图书馆 CIP 数据核字（2021）第 034847 号

何去何从——数字化时代的商业银行转型
HEQUHECONG：SHUZIHUA SHIDAI DE SHANGYE YINHANG ZHUANXING

出版
发行　中国金融出版社

社址　北京市丰台区益泽路 2 号
市场开发部　（010）66024766，63805472，63439533（传真）
网 上 书 店　www.cfph.cn
　　　　　　　（010）66024766，63372837（传真）
读者服务部　（010）66070833，62568380
邮编　100071
经销　新华书店
印刷　保利达印务有限公司
尺寸　169 毫米 × 239 毫米
印张　10.75
字数　142 千
版次　2021 年 4 月第 1 版
印次　2021 年 4 月第 1 次印刷
定价　68.00 元
ISBN 978 - 7 - 5220 - 1057 - 1
如出现印装错误本社负责调换　联系电话（010）63263947

序

以更大的热情和勇气拥抱新金融

在漫长的人类社会发展进程中，科技进步始终是最主要的推动力量。当手机（或者说移动终端）成功地实现了人与互联网的便捷联通，并广泛而深刻地与每一个人的生活、工作紧密联系的时候，数字化大潮奔涌而来，世界发展的新时代已经来临。

全球互联网流量飙升，从 1992 年的 100GB/天增长到 2017 年的 45000GB/秒，数字经济在世界经济中扮演着越来越重要的角色，人们的生产生活方式及社会发展都在发生巨大的改变。

习近平总书记指出："当今世界，科技革命和产业变革日新月异，数字经济蓬勃发展，深刻改变着人类生产生活方式，对各国经济社会发展、全球治理体系、人类文明进程影响深远。"中国作为数字经济占 GDP 比重超过 1/3 的大国，高度重视发展数字经济，在创新、协调、绿色、开放、共享的新发展理念指引下，正积极推进数字产业化、产业数字化，引导数字经济和实体经济深度融合，推动经济高质量发展。

金融作为资源交换的基础工具，与时代需要紧密相关。时代造就金融，新时代呼唤新金融。金融必须紧跟时代变化，改变过去标准化、大生产、人工服务模式，以更加便捷的渠道、更高的效率为

1

社会提供更加优质的产品和服务，充分满足客户多元化的需求。科技的发展为新金融提供了丰富的可能性。无论在客户体验、盈利模式，还是在风险控制、内控管理等方面，在基于逻辑和数据的推动下，以移动化、云计算、大数据、人工智能等技术支撑的新金融生态正在出现。

近年来，各家商业银行围绕数字化转型积极进行探索实践，为新金融拓疆开路。中国建设银行以数据为关键生产要素、以科技为核心生产工具、以平台生态为主要生产方式，积极践行新金融。中国建设银行搭建开放共享的住房租赁服务平台，推出线上房源；开发"数字房产"系统，助力住建领域治理能力的提升；创新推出"存房业务"，激活存量房源，打造住房租赁产业联盟；推出智慧政务系统，与政府深度连接，推动实现"省、市、县、乡、村"五级公共服务的"掌上办""指尖办"，助力"放管服"改革和治理体系、治理能力现代化。中国建设银行推出"惠懂你"App，让小微、"双创"、涉农、扶贫等群体获得 7×24 小时的全流程在线信贷服务，做到"一分钟"融资、"一站式"服务和"一价式"收费。中国建设银行搭建的"裕农通"综合金融服务平台让手机成为农民的"新农具"——在未设立网点的县域乡村，有合法营业执照及固定营业场所、拥有一部智能手机、现金流充足且信誉良好的主体都可以申请成为"裕农通"服务点，为广大农村提供金融/非金融服务。

蒋亮等同事是新金融事业的深度参与者。他们不但长期从事数字化转型经营实践，还坚持研究金融科技等数字化前沿理论。他们和民生银行研究院郭晓蓓博士一起，先后在国家核心期刊、重要会议上发表数十篇大数据、区块链、5G、人工智能方面的前沿研究论文。作者将理论研究和银行数字化转型实践结合起来，凝结成这本商业银行数字化转型专著。2020年新冠肺炎疫情期间，数字化银行和传统银行金融服务供给能力的差异让所有银行从业人士深刻认识到，数字化转型不是要不要的问题，而是迫在眉睫的事情。相信这本书无论是对关注银行数字化的学者，还是对将要进行或是正在进行数字化转型的银行从业人员，都会有所裨益。

中国建设银行四川省分行资深专家　卢生

前　言

　　纵观历史，一个大国或民族的崛起，往往是抓住重大科技革命带来的新发展机遇，加快新科技的应用和发展，占领影响全球发展进程的技术和产业制高点，成为世界经济的领导者。如今全球已进入了以万物互联、数据驱动、软件智能主导为主要特征的数字经济时代，跨越发展的新路径正在形成，各国均面临着新的历史机遇期。数字化是当前我国经济提质换挡发展的关键。习近平总书记强调，要构建以数据为关键要素的数字经济，坚持以供给侧结构性改革为主线，加快发展数字经济，推动实体经济和数字经济融合发展，做大做强数字经济。麻省理工学院和德勤咨询公司对全球4 800多名经理、高管和分析师进行调研，并对高管和思想领袖进行了14次采访。研究发现，对于数字化成熟度较高的企业，其创新速度远高于那些成熟度较低的竞争对手。而且在预测企业未来实力是增强还是削弱时，数字化成熟度较高的企业认为，其企业有能力适应数字化颠覆所带来的变化，并扩大相应的服务能力；而数字化处于早期阶段的企业则认为，数字化颠覆是它们无法控制的市场力量。金融是经济的枢纽和核心，我国金融的数字化，特别是商业银行的数字化转型及相应的创新发展，对我国经济高质量发展具有十分重要的意义。

对于商业银行而言，转型算不上一个新鲜的话题。事实上，任何一种产品或服务都需要不断针对市场需求进行升级。早在20世纪90年代，克莱顿·克里斯坦森就在其论文《探索技术S形曲线的极限》中提出了"技术S形曲线"：其假定在新技术模式初期，产品性能的提升会相对缓慢，而随着企业对技术路径的深入了解，学习曲线不断提升，产品性能的提升会进入一个快速提升期，而到了技术成熟的后期阶段，产品性能的提升逐渐回落，其所代表的技术已逐渐丧失发展的潜力，S形曲线再次进入一个相对平缓的曲线状态。此时，企业就应该在此拐点阶段及时寻找新的技术路径，进行技术迭代与产品升级，寻求在新兴市场占据优势地位。这就好比冬季奥运会中的"短道速滑"，短道速滑的场地周长为111.12米，绝对速度占优的参赛者并不能保证最后的胜利，因为短道竞技还要看运动员在弯道的变速能力，往往在驶入弯道前，还要有意识地降速以免滑出赛道。在现实市场竞争中，这样的案例更是比比皆是。

被誉为"创新大师"的克里斯坦森因其著作《创新者的窘境》和《困境与出路》而享誉世界，其"颠覆性创新"的观点更是被国人熟知。每每参加国内金融创新论坛时，经常听到有嘉宾分享其书中观点。2020年1月23日，新冠肺炎疫情防控形势严峻，大洋彼岸又传来克里斯坦森先生病逝的消息，不犹嗟叹"人生易尽朝露曦，世事无常坏陂复"。也正因这场突如其来的疫情，我们对商业银行的数字化转型增添了强烈的紧迫感。试想金融作为经济活动的动脉，如果当前银行服务还必须在网点柜台内完成，这将会增加多少密闭空间和人群聚集的风险；如果当前民众的支付和转账活动仍必须以现金形式进行，又有多少人不得不进行高风险的当面交易，更重要的是整个社会的资金循环效率低下将会严重影响生产及生活物资的筹集与运输，这又将为奋斗在一线的医护人员增加多少无谓的工作与困难。从这个意义上来说，商业银行数字化转型的意义已经不再局限于单个机构或是单个行业。

本书通过七章对商业银行数字化转型做了全面而深入的介绍。第一章主要从银行的发展环境变化、客户市场改变和自身经营调整角度分析银行数字化转型的动力基础和经营逻辑；第二章主要分析数字化银行的主要构架模式及初步的数字化转型效益分析；第三章主要介绍商业银行数字化转型的方向；第四章主要分析数字化对银行业的深刻改变，例如，国外金融数字化的发展及商业银行数字化转型的实践，以及国内金融数字化发展的现状及全国性商业银行、中小银行和新型银行的数字化实践；第五章分析中国商业银行数字化转型面临的问题与挑战，主要从战略认知定位、组织流程文化、基础体系建设、生态合作建设等方面剖析商业银行数字转型存在的问题，以及数字化转型本身可能带来的新挑战；第六章研究商业银行数字化转型的重点，主要聚焦于客户经营方式转变、组织文化理念转变和数据运用方式转变三个方面；第七章给出商业银行数字化转型的主要路径。本书可作为银行业从业人员、中高层管理人员研究数字化转型的参考书，也可作为大学及科研机构、政府部门、银行业监管机构等的理论研究、相关政策制定的参考书，还可作为相关人员了解银行相关知识的专业读本。

最后，借用英格兰银行首席经济学家霍尔丹在 2018 年格拉斯哥艺术学院发表的"创造性经济"演讲的观点，即"今天的金融科技与数百年前看似简陋的金融创新并无本质差异，都是企业家利用新技术或创意开拓市场、获取利润的活动"，但我们希望当前商业银行的数字化转型不仅是"科技赋能"，更是"责任在心"。

目　　录

引言　银行业数字化浪潮汹涌而至

当前全球正处于新一轮科技革命带来的产业变革之中，大数据、人工智能等技术正向经济社会渗透，全球已进入了数字经济时代。随着数字技术的发展，大量智能化终端涌现，数字技术在经济发展中已从传统的效率提升和劳动生产辅助者快速演变成基础创新和创造的赋能者。数字经济已成世界经济发展的主流。全球各国将数字经济作为经济增长和可持续发展的关键，不断加强政策引导，推动产业融合。许多国际组织也将数字经济作为推动未来世界经济发展的引擎，如联合国发布了《2019 年数字经济报告》，G20、OECD 等通过了较多的成果文件。据中国信息通信研究院数据，2018 年，有 38 个国家数字经济增速显著高于同期 GDP 增速。

中国把数字经济作为推动供给侧结构性改革、促进经济高质量发展的重要抓手。在国家的大力推动下，中国数字经济蓬勃发展，规模持续扩大，应用不断深化，日益成为驱动经济高质量发展的主要动力源泉。据波士顿咨询公司分析，通过数字化共享服务、智能维护、敏捷开发，可以使企业提高 50%～75% 的产能，降低 70% 的维护成本，缩短 50% 的研发时间。

从全球来看，数字经济发展，传统产业数字化转型成为主导。作为传统的金融服务，银行业深受数字经济的影响。据麦肯锡调查，2014—2017年，亚洲银行客户中，许多发达市场使用在线服务的人数大幅度上升，大

1

50%~75% 通过数字化共享 服务提升产能	70% 通过智能维护 降低服务成本	10% 降低商业成本
25% 通过数字化制造 提升营业利润	2~4倍 通过敏捷开发加 快产品上市速度	10% 通过个性化增加 收入
50% 缩短研发时间	实现 轻资产增长	提升 股票价格乘数

图1　数字技术解锁巨大价值

（资料来源：波士顿咨询公司．创新点亮数字化之旅［R］．2019）

部分的新兴市场更是翻了两倍以上。亚洲发达市场有 58%～75% 的客户在线购买银行产品。有50%以上的活期客户、存款客户和信用卡客户愿意将 30%～50% 的业务从现有银行中转向更有吸引力的数字化产品的供应商。在欧洲，中小企业选择有良好数字平台银行的意愿比附近有银行分支机构的高 4.5 倍。

数字化改变了人与人、人与物以及物与物的连接关系。数字化延伸了人与人的连接方式，突破了连接数量以及时空的限制，让人与物的单向连接变成了双向连接，使物与物之间建立了广泛的连接。社会数字化的深度应用对银行业的传统业务模式造成了巨大的冲击，特别是在零售业务、消费金融、中小企业贷款、机构资产管理、大企业现金管理等方面。同时，数字化既对银行现有销售的高价值环节进行了冲击，也对银行产生利润来源的平台进行了弱化和消解，将对银行业的利润产生极大的影响。据麦肯锡研究，如果数字化冲击符合预期，以及银行不采取应对措施的话，全球银行的净资产收益率（ROE）将从 2018 年的 8%～9% 降至 2025 年的 5.2%。

传统商业银行的数字化转型是以数字技术为手段，构建和物理世界对应的数字世界，并以数据为核心，对企业的组织制度流程和业务进行全面优化重构，实现数字技术支撑下的业务创新发展。企业的数字化转型不同于传统的信息化，传统的信息化重点是"流程"的信息，关注的是人和流程；数字化是对业务全过程的数据化，并在此基础上充分利用数据进行优化，更多关注的是人、物理世界、数字世界的连通和联动。目前，全球银行业投入了较多资源利用金融科技（FinTech）进行数字化改造和布局，世界领先银行将税前利润的 17% ~20% 用于数字化转型。中国银行业在数字化转型方面做了很多有益尝试，但总体上来看仍处于起步阶段。埃森哲 2019 年的《传统银行技术投资报告》显示，全球只有 12% 的银行完全致力于数字化转型，并投资于数字优先战略，其他 38% 的银行正处于转型之中，但它们的数字战略缺乏整体一致性，剩下的 50% 在数字转型方面没有取得明显进展。埃森哲的《2019 年中国企业数字转型指数研究》显示，2019 年，中国只有 9% 的企业数字化转型成效显著。

图 2 2018—2019 年中国企业数字化转型平均得分

（资料来源：埃森哲 . 中国企业数字转型指数研究 ［R］. 2018—2019）

由中国互联网金融协会和新华社瞭望智库联合发布的《中国商业银行数字化转型调查研究报告》显示，在总分 5 分的情况下，中国商业银行的整体数字化能力得分仅为 3.01 分，数字化能力成熟度大部分处于发展阶段，还有较大空间可提升。总体来看，中国商业银行在战略制定及执行、组织文化、业务流程、技术创新、数字治理、生态合作等方面均存在较多问题。目前，数字经济正与社会经济深度交融，中国银行业要把握这次重大机遇，有针对性地补足短板，加快发展，助推我国经济高质量发展。为此，本书对中国商业银行数字化转型的内外决策逻辑进行了梳理，对国内外商业银行数字化转型的进程进行了分析，剖析了中国商业银行数字化转型的问题与挑战，对中国商业银行数字化转型的方向、重点及主要路径给出了建议，以便为相关管理部门及商业银行提供数字化转型研究资料和决策实施参考。

第一章　我国商业银行数字化转型的主要驱动因素

一、经济、技术方面的驱动

（一）经济增长方式调整对银行的利润增长影响十分巨大

过去中国商业银行利润高速增长主要得益于中国经济的高速增长，随着中国经济增长调整，银行业利润增速也随之进行了调整（见图 1-1）。

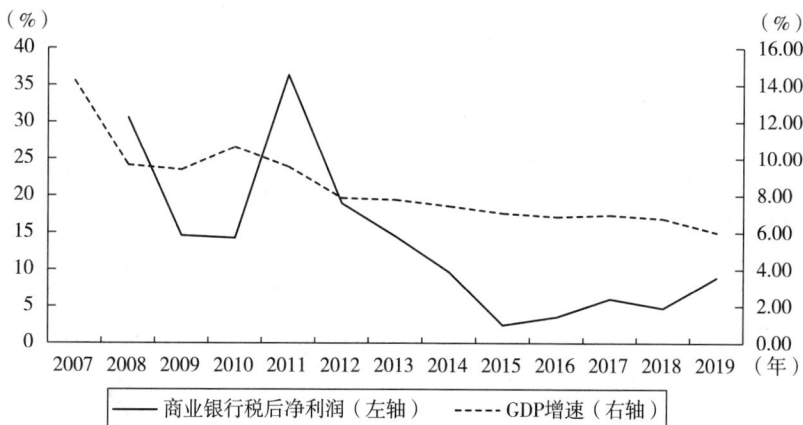

图 1-1　2007—2019 年 GDP 增速和银行业税后利润增速

（资料来源：Wind）

以往中国居民和企业金融需求相对简单、单一，金融机构主要通过规模扩张方式满足客户需求。从2003年开始到2016年，中国银行业每年的资产和负债均是两位数的增长，到2017年末，银行业金融机构的总资产达到了252.4万亿元，是2003年的9.13倍，总负债达到232.87万亿元，是2003年的8.76倍（见表1-1）。

表1-1 2003—2017年银行业金融机构资产和负债

年度	银行业金融机构总资产（亿元）	资产增长（%）	银行业金融机构总负债（亿元）	负债增长（%）
2003	276 583.80		265 944.70	
2004	315 989.80	14.25	303 252.50	14.03
2005	374 696.90	18.58	358 070.40	18.08
2006	439 499.70	17.29	417 105.90	16.49
2007	531 160.00	20.86	500 763.00	20.06
2008	631 515.00	18.89	593 614.00	18.54
2009	795 146.00	25.91	750 706.00	26.46
2010	953 053.00	19.86	894 731.00	19.19
2011	1 132 873.00	18.87	1 060 779.00	18.56
2012	1 336 224.00	17.95	1 249 515.00	17.79
2013	1 513 547.00	13.27	1 411 830.00	12.99
2014	1 723 355.00	13.86	1 600 222.00	13.34
2015	1 993 454.00	15.67	1 841 401.00	15.07
2016	2 322 532.00	16.51	2 148 228.00	16.66
2017	2 524 040.00	8.68	2 328 704.00	8.40

资料来源：Wind。

但是随着中国经济增长调整，这种规模扩张的方式越来越无法满足企业和居民日益复杂的金融需求。这可以从银行的资产利润率变化中得到印证。一般来说，资产收益高反映企业的产品符合市场需求，供不应求；反之，反映市场需求空间相对不足，只能通过降价让利方式获得市场份额。2014年以后，银行业金融机构的资产收益率持续走低（见图1-2），从最高时（2012年第一季度）的1.43%下降到2019年第三季度的0.97%。

（％）

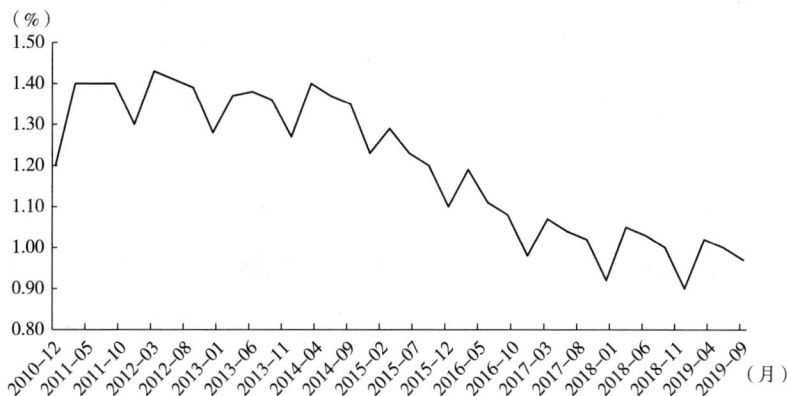

图1－2　2010—2019年银行业金融机构资产利润率

（资料来源：Wind）

　　麦肯锡的中国排名前四十的银行价值创造排行榜显示，2018年排名前四十的银行中，27家银行经济利润为正值，13家未创造经济利润。这些未创造经济利润银行的共同特点是净利差水平低，成本控制能力差，风险权重高，反映了其粗放式规模扩张的特点。

　　另外，从银行非利息收入来看，2010年以来，占比始终在23％左右波动（见图1－3）。除了监管因素外，这在一定程度上也说明中国商业银行

（％）

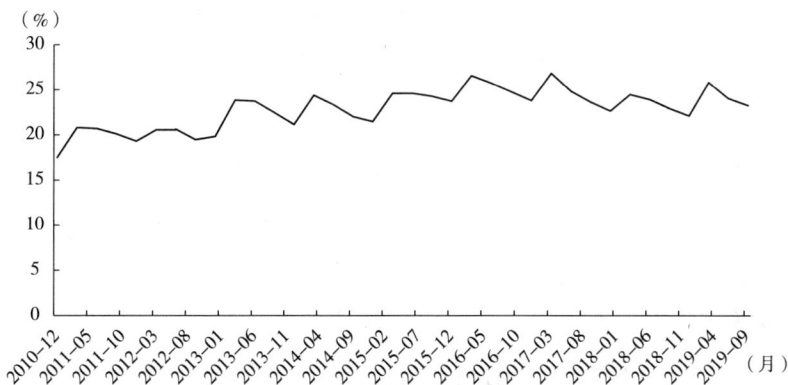

图1－3　2010—2019年银行业金融机构非利息收入占比

（资料来源：Wind）

资产管理、投资咨询等增加非利息收入业务的发展和能力相对不足，供给的产品相对简单，同质化严重。

（二）新技术催生了金融服务新的价值领域

1. 新技术应用深刻改变了人类社会、经济和生活

人类的发展史在一定程度上可以说是一部新技术应用史。每次重大的技术变革带来的新应用都能通过生产方式和生产关系的变化深刻改变社会、经济和人们的生活。比如，18世纪60年代英国发起的以机器代替手工工具的技术革命。这场革命从机器的发明、改进和使用开始，以蒸汽机作为动力广泛使用为标志。它使人们从农庄向城市集聚。工业化使货物更为丰富、成本更为低廉，从而提高了人们的生活水平。英国等国家为了推动本国的工业发展，大力推行帝国主义。在工业化中诞生的工业工人（无产阶级），在工业生产活动中提高了组织谈判能力，要求拥有更多社会管理权力，加快了社会民主进程。19世纪60年代后期开始第二次工业革命，随着发电机、电动机的相继发明，出现了远距离输电技术，电力在生产和生活中得到广泛的应用。内燃机的出现及广泛应用推动了汽车和飞机工业的发展，也带动了石油工业的发展。在此期间，一些发达资本主义国家的工业总产值大大超过了农业的总产值。20世纪四五十年代以来开始的第三次技术革命产生了原子能、电子计算机、航天和生物工程等一大批新兴产业，第三产业也得到了快速发展。计算机的快速发展以及带来的网络、通信等信息技术在社会生产生活中的广泛、深入运用，开启了信息时代的大门，知识经济迅速发展起来。而知识经济的发展成为各国竞争的关键。

2. 新技术应用驱动了金融服务创新和变迁

金融依赖于量化、计算以及数理的推算。从历史来看，以银行为代表的金融业是新技术应用最为广泛的行业之一，可以说是新技术应用驱动了

重要金融服务的创新和变革。比如，金融硬件的基本零件——计数、会计和契约工具都是新技术应用的结果。

金属冶炼技术的应用催生了货币及汇兑行为。蔡伦发明的造纸术成熟后，1024 年北宋政府发行了最早的纸币——交子。毕昇的活字印刷技术为纸币发行和普及奠定了基础。1712 年，英格兰银行开始印制纸质钞票，发行纸币，金融逐渐走向信用金融时代。电报技术的应用催生了电汇金融转账服务。1973 年，全球银行业开始建立跨银行支付清算系统 SWIFT（Society for Worldwide Interbank Financial Telecommunications），这在很大程度上促进了电汇金融的发展。20 世纪 50 年代电子交易技术催生了信用卡，为人们提供了更方便快捷的金融服务。20 世纪 60 年代，磁条技术和打印机技术的发展奠定了现代 ATM 的基础，进一步提高了金融服务的效率和降低了人工成本。电子通信和网络技术应用催生了大宗交易、证券、外汇等金融交易市场。数据库、网络、移动通信等新技术的应用使现代银行的服务更不受时空的限制。

3. 数字技术进步推动的数字经济孕育着重要的金融服务变革

较多国家认识到数字经济的重要性，无论是发达国家还是发展中国家均将其作为推动经济发展的重要途径。美国最早布局数字经济，早在 20 世纪 90 年代就启动了"信息高速公路"战略，发布了《联邦大数据研发战略计划》《国家人工智能研究和发展战略计划》等。欧盟通过《人工智能合作宣言》，加强欧盟各国人工智能的研发应用与合作交流。日本政府在 2001 年提出了《e‐日本战略》，随后又相继发布《u‐日本》《i‐日本》《ICT 成长战略》《智能日本 ICT 战略》等，从 2013 年开始每年制定《科学技术创新综合战略》，提出从"智能化、系统化、全球化"的角度推动科技创新。英国早在 2009 年就发布《数字英国》计划，后又相继发布《英国信息经济战略（2013）》《英国数字经济战略（2015—2018）》等，明确英国数字经济发展的短期方向和长期目标，旨在将英国建立成为数字经济强国。印度 2015 年推出《数字印度》计划。巴西 2016 年颁布《国家科技创新战略（2016—2019 年）》，将数字经济和数字社会明确列为国家优先发展的 11 个领域之一。俄罗斯 2017 年将数字经济列入《俄联邦 2018—2025 年主要战略发展方向目录》，编制完成《俄联邦数字经济规划》。哈萨克斯坦于 2017 年通过《数字哈萨克斯坦》国家方案。

在各国的大力推动下，世界数字经济呈现迅猛发展态势：一是在全球经济动能减弱的情况下，各国数字经济依然取得了明显成效。根据中国信息通信研究院的测算，2018 年，美国数字经济达到 12.34 万亿美元，中国规模达到 4.73 万亿美元，位居全球第二。数字经济成为各国经济的重要组成部分，英国占比为 61.2%，美国占比为 60.2%，德国占比为 60.0%。韩国、日本、爱尔兰、法国的数字经济在 GDP 中的比重都超过 40%，分别为 47.2%、46.1%、43.0% 和 41.6%。新加坡、中国、芬兰、墨西哥的数字经济占比超过了 30%。二是数字经济增长强劲。2018 年，爱尔兰数字经济增长最快，增速达到 19.5%，中国增速为 17.5%，列第二位，在 47 个国家中，44 个国家的数字经济增速均超过 10%。三是产业数字化是数字经济的主导，是各国拉动经济增长的关键核心动力，是各国数字经济差距的主要原因。各国数字产业化占 GDP 的 2.4% ~ 13.9%，差距不大。而差距最大的是产业数字化，德国、英国、美国产业数字化占 GDP 的比重均超过一半以上，为全球最高，其余国家相对较低，占比在 10% ~ 40%。四是发达国家和发展中国家数字经济差距明显。20 个发达国家数字经济规模和 27 个发展中国家数字经济规模相比，体量差距 2.9 倍。

金融是经济的枢纽和核心。一方面，数字技术进步推动下的数字经济的蓬勃发展要求金融服务必须要创新调整，要响应经济的这种变化，要满足市场需求和国家高质量发展的需要。另一方面，数字技术发展也对金融服务创新和变革提供了新的机遇和可能。比如，借助 5G 及相关技术，原有金融服务更加数字化、智能化，带来用户体验的优化和自身运营效率的提升等。又如，人工智能的迅猛发展使机器变得越来越智能化，能够更好地模拟人的行为，进而为客户提供批量亲民化与个性化服务，对银行与客户沟通和深挖客户需求发挥着重要作用，对金融产品、服务方式和渠道、投资决策、信贷和风险管理等方面产生新的变革。人工智能在前端能够为客户提供服务，在中台能够对各种金融决策、交易和授信提供支持，在后台能够进行有效的风险监控，使金融服务变得更为智能与个性化。再如，区块链技术可以帮助商业银行在跨境贸易金融、供应链金融、资产证券化等九大场景显著改善和提升金融服务，打造新一代金融服务模式。

4. 数字技术让传统商业银行过去的高成本服务领域成为新的价值领域

2016 年，麦肯锡《面向所有人的数字金融：推动新兴经济体包容性增长》（*Digital Finance for All：Powering Inclusive Growth in Emerging Economies*）推算，到 2025 年，数字普惠金融的广泛使用能够使新兴经济体的年地区生产总值比正常情况高出 6 个百分点，增加 3.7 万亿美元，创造 9 500 万个新的就业机会。Tavneet suri（2016）在研究肯尼亚的数字普惠金融后估计，移动货币的使用提高了消费分配的效率，提高了肯尼亚人均消费水平，使 2% 的家庭摆脱了贫困。Oliver Wyman（2017）研究发现，数字金融解决方案对于缩小普惠金融差距有巨大作用，它可以满足社会底层人群和小微企业大约 40% 的支付需求及 20% 的信贷需求。同时 Oliver 也测算出，数字普惠金融的累积效应能够推动印度尼西亚和菲律宾 GDP 增长 2% ~ 3%，每天收入低于 2 美元的低收入人群将增加 10% 的收入。中国学者也发现数字技术可以推动普惠金融在缩小城乡差距、减缓农村地区贫困、促进农村包容性增长、减轻信贷配给程度、解决小微企业融资困境、促进金融资源合理配置等方面发挥显著作用。总体来看，数字技术可以从以下方面提升传统高成本的普惠金融服务。

一是突破金融机构布局限制，覆盖更广泛区域。传统商业银行主要依赖物理网点提供服务，由于物理网点投入成本较高，需要较大的业务量才能支撑营运，因此网点分布多在发达地区和人口较多地区，对偏远地区、人口较少和经济不发达地区难以覆盖。依托于互联网、移动通信等数字技术，在通信基础设施覆盖的情况下，数字金融可以极大突破银行机构布局限制，跨空间地提供无差别的金融产品和服务，深入覆盖乡村区域。

二是使服务成本更低廉。一方面，通过数字技术减少了物理网点的基础设施成本投入和人工成本投入，降低了服务的边际成本；另一方面，减少了市场信息不对称，减少了金融机构获客成本。比如，基于大数据的画像以及精准营销，商业银行能及时把握客户需要，提供有针对性的服务，减少金融服务供需双方的搜寻、匹配时间，避免以往由于宣传不到位、客户难以触达等问题，从而有效提升服务效率、降低服务成本。

三是使金融服务对象更为普遍。2017年世界银行调查显示，全球有17亿人没有金融账户，其主要原因是，收入低、金融服务成本较高、金融服务距离远。虽然各国都在努力推进普惠金融发展，但是这种客观现实也说明了仅依靠金融机构传统的服务方式，很难改变现状，也很难将这些人纳入服务之中。通过数字技术可以为这些群体的金融服务提供必要的支撑和保障，比如大数据技术可以使以往难以贷到款的小微企业获得必要的信贷和投融资服务。数字金融可以让更多的普通用户有了参与金融的机会和途径，也给商业银行的发展创造新的价值洼地。

（三）新冠肺炎疫情进一步加快了社会金融数字化变迁步伐

新冠肺炎疫情期间，为了控制疫情蔓延，全国各地均采取了多种防控措施。在此背景下，国家经济运行各方面都受到不同程度的影响，对线下销售模式的影响最为明显。但是，一些数字化程度较高的企业通过在线运营，有效抵消了突发疫情的冲击。阿里巴巴平台上有六七百家商家初步做到了库存数字化运营。这些商家即使门店关门歇业，库存商品仍可在线上销售。比如，某国产化妆品品牌在武汉的30多家门店全部关闭，产品通过线上运营，该产品在武汉地区的日销售业绩仍稳居全国前列。通过此次疫情，全社会对于数字化发展的共识会进一步提高，相信将极大促进我国数字经济的发展：一是用户对线上的依赖加深，线上购物习惯强化。Quest Mobile 的数据显示，日均活跃用户在春节期间上升 500 万户，日均使用时长上升 44 分钟，达到 6.8 小时，在远程复工开启后，继续攀升到 7.3 小时。同时，由于防疫需要，居民不出门、不聚会，线上日常用品消费快速增长。比如，生鲜电商成为很多用户置办必需食品的首选，行业实现快速增长，日均活跃用户规模提升 60%。二是此次疫情导致对智能化生产、线上办公的需求增大，比如，智慧城市如何智能管控疫情、提供生活服务等。本地生活、数字政务、在线办公、在线教育等数字化方式可能进一步快速普及。此次疫情也可能会推动更多的小微企业反思，从而快速提升未来生产和经营的数字化程度。三是一些数字化发展意识不足群体的数字化意识明显提升。比如，涉农客户疫情期间在网络平台上的表现非常活跃，包括农民、农村、农业的网络服务都非常活跃。四是网络用户下沉渗透明显。中老年等以往没形成网络使用习惯的客户群体，在线上预约口罩、线上买菜、远程办公、在线学习等需求的拉动下，带来移动互联网用户的进一步下沉，渗透率明显提升。

此次疫情中，数字金融得到了进一步发展。疫情期间，中国互联网金融协会针对 148 家金融科技企业的调研显示，有 20% 的企业认为收入会持平或增加，部分数字金融机构的线上保险和财富管理业务得到了进一步发展。蚂蚁金服的问卷数据显示，疫情期间中小微商户对于信贷资金的需求明显上升。虽然许多企业暂时关门歇业，但是同一期间内申请贷款的商户同比增长了 2.8%，信贷金额上涨了 44%。针对国外地震等自然灾害的研究发现，灾害后人们对方便快捷的网络信贷需求显著增加，而受灾最严重地区的需求激增更高。特别是在传统银行较少覆盖的区域，网络信贷显著增加了人们获得信贷的机会。通过此次疫情，未来政府、企业、个人都会更加重视数字经济的发展，这必将给数字金融的发展提供一个新的起点。

不过，也要看到此次疫情暴露出来的问题。疫情期间，人民银行、银保监会等部门都颁布了一系列政策，要求各金融机构发挥无接触式金融优势。许多银行也加快了把业务向线上转移的步伐。但是，一些银行由于全流程数字化转型还没进行，中后台还完全没有做好准备，只能是在原来的手机银行或者直销银行上作一些业务的迁移，发挥的作用极其有限。而且受人力成本等因素约束，传统商业银行发放的小微贷款绝大部分都在100万元以上，而中国96%的小微企业和个人经营者的资金缺口在100万元以下，55%的在10万元以下，目前中国商业银行还不能较好地满足这些客户的资金需求。中国商业银行要借助此次疫情倒逼自己的数字化转型，加快小微企业信用风险防控创新，大力发展线上业务，更好地支持实体经济发展。

二、客户、市场方面的驱动

目前，中国规模化消费时代已成为过去，客户整体消费行为向着品质、健康、个性化方向转变，更加重视服务体验、人文情感和社交联系等因素。银行服务是客户整体消费的一部分，客户消费行为偏好的变化必然驱动银行的服务作相应的调整，否则，客户就会选择用脚投票离开。

（一）标准化、规模化消费逐渐远去，差异化需求已成市场主流

过去10年，中国消费高速增长，社会消费品零售总额增长了300%以上，2019年突破40万亿元大关，达到41.12万亿元。但是这10年里，消费市场发生了巨大变化。从2009年的手机、乳制品及替代品、家居护理、啤酒、家用电器、软饮料、白酒、美妆个护、零食、服饰十大消费行业的前五品牌来看，到2018年已有42%的企业跌出了榜单。这些行业中除了白酒和家用电器略有增长，服饰持平外，其他七大行业的市场份额均在下

降，平均下降幅度达到12%，其中，手机下降了50%。与此对应的是，这10年里，中国市值前100名的企业中，创建不到20年的企业占比从20%上升到了38%。

这种情况和中国消费市场客户需求日益差异化有关。根据埃森哲的研究，过去5年中，中国消费市场增长主要来自两端：86%定位于高端市场的品牌销售增长超过行业平均水平，61%定位于低端市场的品牌销售增长超过行业平均水平，而定位于大多数中间段的只有7%的品牌销售超过行业平均水平。从超过行业平均增速5倍以上的7%领军品牌企业来看，也证明了这点，53%来自高端市场，43%来自低端市场，来自中间市场的只有4%。过去，在慢节奏的规模化消费时代，企业靠某一个优势品牌甚至某一个产品就能在很长时间占据大部分市场，但是随着消费者需求日益个性化、差异化，这种模式难以长期为继。埃森哲针对全球市场总监的调研发现，58%的市场总监认为大品牌对消费者正失去吸引力。

（二）客户结构，价值主张和社会连接方式发生深刻改变

一是年龄结构的变化。按照科尔尼2018年发布的研究报告《制胜未来消费者：从财富值模式到影响力模式》，在未来10年中，由于"沉默的一代"（1928—1945年出生）年龄已大，"智能时代新生儿"（2017年以后出生的人）年龄尚小，对消费市场影响较大主要是：40/50后、60/70后、"千禧一代"（1981—1997年出生）和"互联网原住民一代"（1998—2016年出生）。这几个年龄组中，除40/50后受数字技术影响较小外，其他三组受数字技术影响较大。例如，无论身在哪个国家，"互联网原住民一代"的成长都伴随着数字技术的发展，消费方式都受到这些普适技术的影响，有很多相同之处，而与本国其他年代出生的消费者之间存在很大差异。

二是主流价值观的变化。每一代消费者都有自己鲜明的特征。比如，"千禧一代"追求品质消费、小众消费、"懒人"消费、超前消费，对其

衣、食、住、行的方方面面都有更高的品质要求，更愿意深入参与产品及服务的设计过程之中，追求简单快捷的生活方式。"互联网原住民一代"会在比较亲密的小圈子分享内容，崇尚多元化文化，追求"独特即酷"，愿意表达他们的个性和独特性。

三是超级连接的影响。随着智能手机的广泛普及，年轻一代往往会持续在线，一个人和其他很多人保持着广泛的连接。在这种连接下，个人影响模式发生较大变化，一些具有超级影响的连接点将成为消费的主要影响因素，比如，各类网红、"大 V"对消费的影响更加明显。特别是这种超级连接的影响和人口结构及价值观转变叠加在一起的时候将会给消费市场带来巨大改变。

（三）追求品质、个性化和服务体验成为未来客户的诉求主流

一是更加追求品质生活和服务体验。随着中国城镇居民和农村居民收入提高，城乡恩格尔系数分别从 1978 年的 57.5% 和 67.7% 降至 2018 年的 27.7 和 30.1%，人们的生活从"温饱"逐渐转向了"小康"，消费更加多元化，更加追求品质生活。以居民的饮食为例，人们对水产品、肉食、蛋类、乳制品的需求增加较多，而对主粮的需求越来越少，医疗保健、教育文化、交通娱乐支出的占比越来越大，消费已从基本的吃、穿转向自身发展和享受品质生活。根据前瞻研究院 2018 年中国消费者品质消费观认同情况调查，2018 年有 41.7% 的人"宁愿多花钱购买高品质商品，也不买会给自身带来麻烦的商品"，有 40.3% 的人"愿意为更好的服务和体验花费更多"，有 37.9% 的人"非常注重商品品质表现"。另外，有 30.8%、29.4%、28%、27.5% 和 26.5% 的人分别选择了"购买符合自身个性的产品""提倡环保并身体力行""愿为更高效率花费更多""注重产品外观及设计风格""更相信一分钱一分货"。这说明消费者已不局限于物质消费，消费理念已从注重价格转向了自身的情感需要，追求高性价比、高质量。

健康生活理念更加深入人心。根据麦肯锡《2020 中国消费者调查报告》披露的 2018 年中国消费者/家庭的品类支出问题调研，消费者在奶制品（鲜奶、UHT/常温奶、酸奶）、中式快餐、化妆品、护肤品、瓶装水、果汁、运动服装等方面的支出增加较多。在大城市中，60% 的消费者会查看食品包装成分，选择看起来更健康的食品，50% 的消费者表示要购买更多的鲜奶，近四成的消费者愿意购买更多的酸奶，年轻喜欢购物的消费者喜欢天然制作的酸奶。55% 的受访者首选的因素是"健康和天然原料"，另外"无糖""有机"等因素也很重要。72% 的城市消费者表示在积极追求更为健康的生活方式。

二是个性化和以人为本。个性化的服务能将更多的客户转变为最好的客户。通过个性化，企业可以识别新受众，了解他们，并为他们提供更多想要的东西。根据 One Spot 公司 2016 年的一个营销调查，如果营销内容和消费者的兴趣不相关，45% 的消费者不会花时间阅读，42% 的消费者只对提供个性化内容的产品服务感兴趣。调查数据显示中国 95% 的受访者对个性化定制感兴趣。另外，中国的"千禧一代"和"互联网原住民一代"愿意为更好的产品、更优越的体验分享个人消费数据，量化自我。此外，德勤公司 2019 年消费者调查发现，有 28% 的受访者在选择品牌时关注的是"企业如何对待员工"，有 20% 的受访者选择"企业如何对待环境"，有 19% 的受访者选择"如何获得所在社区支持"，这表明消费者更加关注人文情感及社会责任。

三是社交关系和专业人士对消费的影响更加明显。从 Instagram 的统计数据来看，粉丝规模在 1 000 人左右的社交账户点赞率为 8%，评论率为 0.6%；粉丝规模在 1 000～10 000 人的点赞率为 4%，评论率为 0.3%；粉丝在 1 万～10 万人的点赞率为 2.4%，评论率为 0.2%；粉丝规模在 10 万人以上的点赞率只有 1.8% 左右，评论率为 0.1%，呈现明显的互动减弱趋势。微影响者在传播上影响有限，但在社群的互动程度高，是口碑传播的主要推动力。而这些微影响者是消费者决策的重要影响因素。朋友和专业人士是影响各类群体购买行为的最重要的两个群体。同时值得注意的是，专业人士、网红（从广义来看，即在网络上有一定影响、可凝聚某小型群体粉丝的人，如美妆、美食、室内装修等领域的博主、达人等）、明星等对年轻一代（"互联网原住民一代""千禧一代"）的影响明显大于其对60后、70后和40后、50后的影响（见表1-2）。

表1-2　消费者购买决策受影响群体占比

购买决策影响群体	"互联网原住民一代"（%）	"千禧一代"（%）	60后、70后（%）	40后、50后（%）
朋友	89	92	85	85
专业人士	87	84	79	72
网红	67	64	51	40
明星	75	67	56	43

资料来源：根据科尔尼《全球未来消费者研究》整理。

（四）银行继续偏爱传统市场，可能遭遇发展的"灰犀牛"

1. 企业市场的杠杆率较快上升，传统商业银行偏爱的国有大中型企业负债率畸高，可能成为银行发展中的"灰犀牛"

根据中国社科院的国家资产负债表，2019年9月中国实体经济部门的杠杆率已达到了251.15%，居民部门的杠杆率为56.31%，非金融企业部门的杠杆率为155.62%，政府部门的杠杆率为39.21%。从Wind的数据看，中国居民部门的杠杆率在2014年末超过政府部门，而后一直高于政府部门，但仍处于合理水平，债务风险不突出，不过要防止债务水平过快上涨。总体来看，中国的杠杆率主要集中在非金融部门即企业上，非金融企业部门的杠杆率上升较快的时间是2008年至2017年第一季度，杠杆率从2008年12月的95.2%上升到2017年第一季度的161.36%，而后在国家去杠杆的宏观调控下，杠杆率缓慢下降，到 2019 年第三季度下降到了 155.62%，但仍在高位。

国有企业特别是国有大中型企业是传统商业银行所偏爱的。但是目前这些企业的债务风险已经比较高了。根据 Wind 统计，截至 2016 年，全国国有企业合并资产负债率已经达到了 68%，政府部门管理企业的资产负债率达到了 69.4%，其中国有大型企业的资产负债率达 65%，国有中型企业的资产负债率达 65.1%，国有小型企业的资产负债率达 60.8%，国有微型企业的资产负债率达 56.3%。对于这些负债率较高的企业，商业银行业务增长空间是十分有限的。

2. 移动市场蓬勃发展，传统以网点为主的服务方式难以满足市场需要

2019 年，中国数字用户规模已经突破 10 亿人，年末达到了 10.17 亿人，占总人口的比重达 72.5%，同比增长 2.19%（见图 1-4）。中国移动互联网人均单日使用时长为 5.59 小时，人均单日启动频次达到 53.05 次，数字生活已经渗透进国民生活的各个方面（见图 1-5）。

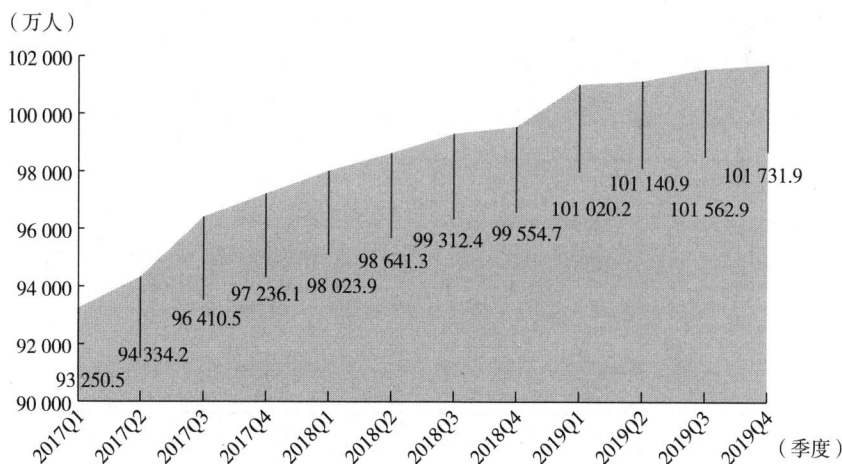

图 1-4　2017—2019 年中国数字用户规模

（资料来源：根据易观《2019 中国数字用户年度分析》整理）

（小时）

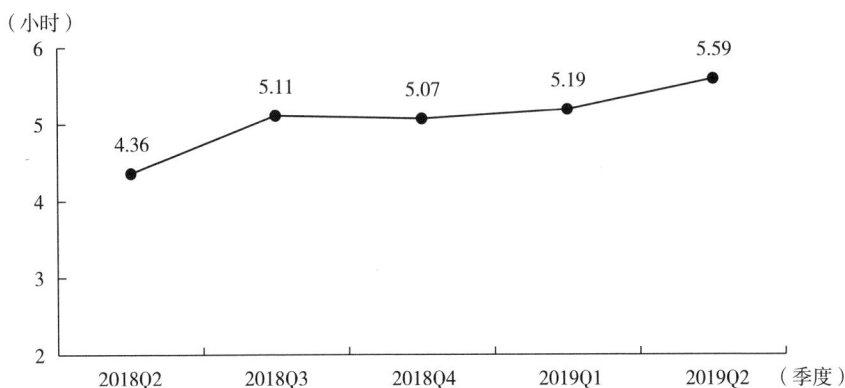

图 1-5　2018 年第二季度至 2019 年第二季度中国移动互联网人均单日用时长

（资料来源：根据易观《中国数字用户行为变迁专题分析（2019）》整理）

中国的数字用户已从青年用户扩展到中老年用户。2019 年，年龄在 41 岁及以上的用户已达 14.87%，比 2016 年提高 2.89 个百分点；从消费水平来看，中高消费和高消费水平的数字用户已达 29.23%，比 2016 年提高 2.55 个百分点。同时数字用户下沉显著，三线及以下城市用户占比达到 28.48%，比 2016 年提高 3.62 个百分点（见表 1-3）。

表 1-3　中国数字用户年龄和消费水平分布　　　　单位:%

年龄分布	2016 年	2019 年	变化	消费水平	2016 年	2019 年	变化
41 岁以及上	11.98	14.87	2.89	高消费	2.48	3.17	0.69
36～40 岁	19.86	16.98	-2.88	中高消费	24.20	26.06	1.86
31～35 岁	22.41	24.34	1.93	中等消费	33.49	33.32	-0.17
24～30 岁	25.36	28.65	3.29	中低消费	30.43	25.38	-5.05
24 岁以下	20.39	15.16	-5.23	低消费	9.40	12.07	3.30

资料来源：根据易观《中国数字用户行为变迁专题分析（2019）》整理。

移动互联网已成为男性数字用户了解咨讯信息、观看体育赛事和投资理财的首选渠道。女性数字用户主要使用移动互联网来观剧、购物和分期消费。商业银行的投资理财及消费金融受到了较大影响。客户更容易更换银行，忠诚度降低。据麦肯锡披露，美国活期账户流失率从 2013 年的 4.2% 升高至 2017 年的 5.5%，法国活期账户流失率从 2013 年的 2.0% 升高至 2017 年的 4.5%。另外，传统以线下网点为主要零售渠道的商业银行也受到了一定冲击。从中国银保监会的金融许可证数据来看，2017 年 10 月 16 日到 2019 年 10 月 14 日，各银行机构共撤销了 6 471 个网点（见表 1 −4）。

表 1 −4　2018 年 10 月以来主要省（区、市）新设和撤销网点情况

新设	数量（个）	撤销	数量（个）
广东	445	广东	575
浙江	206	山东	272
山东	188	四川	210
江苏	168	河南	184
四川	160	浙江	154
河南	151	江苏	151
河北	123	黑龙江	141
吉林	117	江西	122
广西	111	广西	119
湖南	92	湖北	116
江西	91	云南	114
湖北	89	北京	114
安徽	87	安徽	112
山西	86	湖南	108

资料来源：中国银保监会。

三、银行业自身发展的驱动

（一）新时代、新使命的责任感驱动

1. 银行对实体经济的资源配置机制具有双重作用

银行的产生是实体经济发展的内在需要，没有实体经济就没有银行。

银行对实体经济的作用主要通过调整实体经济货币约束时机来实现，它能较好地聚集资源，破除实体经济对货币这一基本要素的约束来推动经济的发展，这是银行推动现代经济发展的主要原因。这种资源配置机制如果能和一国的实体经济运行合理耦合，就能很好地促进经济发展，给国民带来福祉。如果其脱离实体经济需要，独立自我循环，则可能误入歧途，使社会陷入信用动荡危机，从而阻碍经济发展。西方金融史上这样的教训屡有印证。2007 年的美国次贷危机是美国银行业集体脱实向虚结下的恶果。一方面，银行向风险承受力低的人发放大量的高风险次级抵押贷款。另一方面，无数的机构将数千笔这样的抵押贷款打包成抵押支持证券（MBS），然后将上百只抵押支持证券合成不同层级的担保债务凭证（CDO），在此基础上又进一步开发衍生产品如信用违约互换（CDS）。Taylor（2009）认为，当包含次级贷款的抵押贷款被包装成 MBS 时，评级机构对其进行风险度量已经十分困难，无法说清楚不良贷款的持有者到底是谁。Roubini（2008）在描述担保债务凭证时，称其是疯狂、复杂、流动性差、盯模型（mark‐to‐model）而非盯市（mark‐to‐market）以及评级错误的，更不用说复杂的其他衍生产品了。正是金融这种不顾实体经济、自我独立的复杂虚拟化扩张和快速的创新积累了脆弱性，从而将美国以及世界经济拖入了深渊。

2. 中国银行业在各个时期均较好地履行历史使命

在专业银行阶段，银行作为国家的"第二财政部门"，承担着公共服务机构的职能和社会使命，为中国的重点建设和行业发展贡献了自己的力量。在银行商业化和市场化改革阶段，一大批中小银行如雨后春笋般纷纷涌现，银行的股份制改革顺利推进，中国银行业迅速发展壮大。银行机构数量增加，深入广大社区、村落和乡镇，形成一张遍布全国的金融服务网络，大幅度提升了服务实体经济的能力。21 世纪初，中国社会融资规模增量只有 2 万至 3 万亿元（2002 年为 2.3 万亿元），随着金融体系的发展，

2019 年增量达到 10.69 万亿元，存量达到 251.31 万亿元，极大地促进了实体经济发展。近几年，在部分领域和环节，资本的逐利天性有所张扬，曾引发"躺着赚钱""暴利"的舆论质疑，甚至出现"金融乱象"局面。但是通过重拾初心，追寻使命，银行业逐步形成了对初心使命的科学认知和成功实践。近年来，各家银行积极主动地推进经营转型，防范化解金融风险，推动银行资金由体系内的虚拟空转流向实体经济。国有大型银行谨记自身的使命，在主动应对市场波动风险中，不仅考虑自身的商业利益，更考虑作为市场引领者的社会责任，主动维护宏观金融体系稳定和金融安全，将有效防控风险作为重要生命线，发挥了"压舱石"和"定盘星"的作用。

3. 实体经济仍存在较多金融服务空白和不足，需要银行加快数字化转型

目前，中国经济转向高质量发展，实体经济仍存在较多金融服务空白和不足，面临许多挑战，迫切需要商业银行加快数字化转型，支持实体经济发展。

一是金融服务还有较多空白。中国人民银行发布的《2018 年中国普惠金融指标分析报告》显示，中国成年公民从银行获得过贷款的比例仅为 39.88%，农村地区更低，只有 34.62%。平均有 47.81% 的成年公民购买过投资理财产品，农村地区的这一比例为 36.11%。个人的融资和投资理财均存在较多的金融服务空白区。中小微企业同样如此。2018 年世界银行发布的报告数据显示，中国的中小微企业潜在融资需求为 4.4 万亿美元，融资缺口为 1.9 万亿美元，41% 的企业存在贷款难，中小微经营者融资可得性仍然较低。全国工商联发布的《2019—2020 小微企业融资状况报告》明确指出，"小微"经营者融资难、融资贵、融资慢问题还没有根本缓解。2019 年，44.2% 的小型企业存在融资需求，71.6% 的微型企业和个体工商户存在融资需求。

二是金融服务的渗透还不够。世界银行和中国人民银行发布的《全球视野下的中国普惠金融：实践、经验与挑战》显示：中国没有账户的成年人中有 19% 的人是因为"金融机构太远"。同时有关调查发现，中国有 31% 的人有储蓄，但没有在正规金融机构存款，说明现有银行机构还缺乏针对低收入和无固定收入人群的合适储蓄产品。

三是金融服务面临着较大的挑战。一方面，部分群体金融素养不足。中国人民银行发布的《2018 年中国普惠金融指标分析报告》显示，消费者对保险、贷款等新的金融知识和复杂知识掌握较少，在财务规划、投资风险处理等方面的能力欠缺，风险责任意识较弱。这些都决定了金融服务升级和渗透存在较大的难度。另一方面，互联网＋金融模式可能产生新的金融排斥。互联网＋大数据、人工智能、云计算等新技术挖掘了社交、线上消费、支付等方面的数据价值，降低了交易成本和信贷门槛，但这种模式并不适合生产经营在线下或互联网应用能力不足、移动智能手机操作经验不足的小微企业主、农户、城镇低收入者。虽然他们有真实合理的融资需求，但由于触网概率低，缺乏线上痕迹而被排斥在外。这需要银行运用数字技术聚合各方面的信息有针对性地解决。

（二）新经营逻辑需要新的发展方式

1. 增长逻辑发生改变，需要聚焦和洞察客户需求才能获得增长

在外部需求充足的情况下，传统商业银行的增长逻辑很简单，只需要通过短期资源投入扩大规模即可，因此其惯常的做法是对内争资源博弈政策，对外打价格战。但是在客户需求日益多元化、个性化的情况下，商业银行必须要聚集客户需求才能获得足够的增长。增长逻辑变为如何洞察客户需求，有效满足目标客群的服务需要。只有通过数据赋能，形成数字引领，利用大数据深入挖掘分析客户需求，智能化提供客户所需的个性化服务，商业银行才能真正实现增长方式的转变。

2. 策略逻辑发生改变，经营要从依赖资本消耗转向精准化和精细化

一是经营的策略逻辑发生变化。以往传统商业银行经营策略的重心是信贷扩张，走的是粗放式资本消耗道路。比如，麦肯锡指出，2018 年 13 家未创造经济利润的商业银行中，有 5 家的风险权重位于前 40 家的末 10 位，反映其具有强烈的依靠资本消耗实现规模扩张的特征。这样的策略逻辑是，增大资本金，提高杠杆，从而扩大放贷规模。然而随着形势变化，国家收紧了相关监管政策，商业银行在利润增长乏力、内源性补充资本金不足的情况下，通过资本市场等外部渠道补充资本金的空间十分有限，提高杠杆率受资本金约束和 MPA 考核政策限制，通过表外业务"提杠杆"也受到严格的限制。经营回归本源，回归以客户为中心已成为银行业的共识。以客户为中心的策略逻辑意味着，无论是营销端的客户获取、转化、提升贡献等，还是管理端的成本控制、风险防控等，都需要利用数据赋能，实现相关工作的精准化和精细化。二是对市场响应的策略逻辑发生变化。以往主要依靠个人经验、主观式决策，商业银行内的信息沟通链条太长，信息衰减和滞后问题较为严重，决策和市场反应容易脱节。而当前，客户需求变化非常快，个性化需求层出不穷，要让"听得到炮声的人决策"，必须要进行数字化转型，通过数据赋能，让业务前线人员成为市场的发现者和相关服务产品决策的设计者。

3. 服务逻辑发生改变，服务要从"以我为主"转向"以客户为主"

一是服务产生逻辑发生变化。传统商业银行的经营都是以自我为主，自成体系，产品、服务的创新都是"关起门自己搞"，搞好后再拿到市场上去大规模推销，是一种卖方市场的先有产品再找市场的推销做法，缺乏客户需求挖掘和深耕。在买方市场，这种做法显然行不通，需要通过数据引领来洞察客户需求，然后针对性地设计服务，满足客户需求，实现先找准需求再提供产品和转变服务。二是服务提供逻辑发生变化。以往的银行服务主要在网点进行，这是一种等客户上门的被动式服务。当前随着信息

技术发展，万物互联，银行服务主要依赖场景进行，更需要银行以开放的姿态，加快数字化转型，由原来的独立提供服务转变为第三方合作场景的服务嵌入，成为客户整体服务解决方案的一部分，打破原来的边界，在开放的生态中解决生存和发展问题。三是服务评价逻辑发生变化。传统的商业银行对优质服务评价有种误解，把本来属于生产属性的金融服务当做娱乐消费性服务，注重每个服务环节及细节的精致，比如网点的装修越来越高档，各类服务设施堪比星级酒店，但是服务的流程长、整体效率较低、排队等待的客户抱怨较多。服务转向场景化后，更注重的是金融服务的泛在（随手可及），讲究的是高效（快速解决问题）、无感存在（不影响客户的主体验）。这需要商业银行充分利用数字技术，加强和第三方的合作，全面改造现有的服务。

第二章 数字化银行的架构模式与效益

一、新数字技术赋能的主要作用

在数字化金融的发展历程中，新一代信息技术起到了支撑作用。其中，大数据改变了商业银行的发展战略思维，和人工智能一起推动经营方式、服务规则变革，提升管理效能，塑造新业态和新生态；区块链与云计算技术是重要的底层基础设施；5G 辅助新兴技术落地，解决行业运行痛点；物联网重塑市场格局，升级金融服务。

（一）大数据：改变发展思维、经营方式和功能定位

一是改变商业银行发展思维。传统商业银行的发展战略是，在市场调研和充分考虑客户需求的基础上，通过预测未来经济运行状况，结合自身现有资源，依靠决策者的经验，确定其发展目标及经营战略。在大数据时代，商业银行通过运用大数据技术可以更加科学合理地评估客户需求，准确定位自身的服务对象和服务领域，为商业银行在内部管理、业务发展及客户营销等多个层面提供决策支持，从而使企业战略决策更加科学、有效。

二是改变商业银行经营方式。首先，创建客户细分。根据麦肯锡的调研，使用数据作出更好的营销决策可以将营销效率提高 15%～20%。通过

数据分析,银行可以精准了解客户需求,并创建客户细分。其次,优化运营流程。大数据技术可以提高风险模型的预测能力,以指数方式改善系统响应时间和有效性,提供更广泛的风险覆盖,并通过提供更多自动化流程、更精确的预测系统来节省大量成本。风险管理团队可以近乎实时地获得更准确的风险情报。大数据技术可以检测欺诈信号,通过机器学习实时分析它们,可以准确预测非法用户或交易。最后,提升管理效能。在大数据技术的帮助之下,商业银行总行将突破地域、时空限制,集约化管理各业务条线,管理职责、风控策略将被集中于总行层面,总行的经营权利将更加集中,有助于提高银行整体的执行力,避免上传下达过程中的摩擦成本。

三是改变商业银行功能定位。大数据技术使得商业银行将拥有的资金交易这一高质量数据的优势发挥出来,将商业银行的功能定位由过去的资金中介转变为信息中介,由过去的存、贷、汇服务者转变为信息提供者、财富管理者。

(二)云计算:创新使用计算资源

云计算技术在商业银行数字化转型的道路上扮演着基础而又重要的角色。可以预见,未来以云计算为依托,融合人工智能、大数据、物联网等新兴技术,通过金融云生态的建设,商业银行必将在基础架构、运营模式、服务场景等领域创造出更优质、更便捷的金融产品和服务,驱动数字化转型向更纵深的方向拓展(见图2-1)。

一是实现全行资源的统一管理、集中调度,提高系统安全性,节省IT开支。一方面,实现精细化管理。建设总行和分行的两级资源池,总行统一规划、管理全行的计算、存储、网络和安全资源,分行应用系统集中运营,实现分行系统集中灾备。另一方面,有效降低IT建设及运营成本。云计算提供了大规模的数据处理能力和海量存储,降低了每单位数据存储和

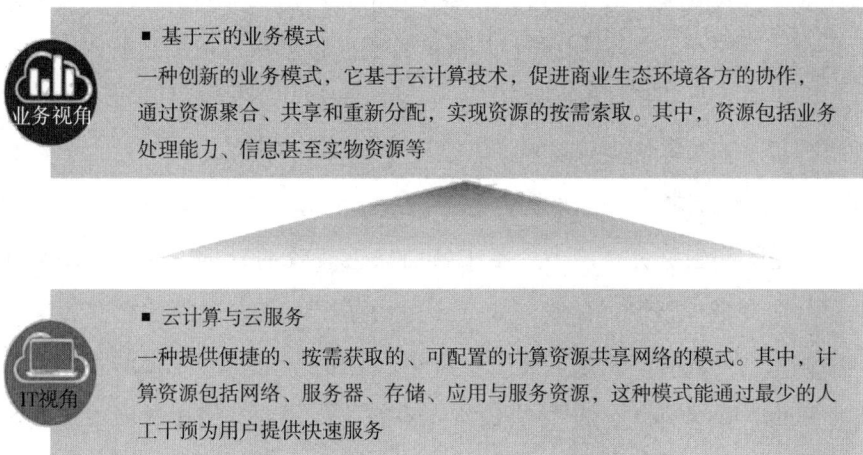

■ 基于云的业务模式

一种创新的业务模式，它基于云计算技术，促进商业生态环境各方的协作，通过资源聚合、共享和重新分配，实现资源的按需索取。其中，资源包括业务处理能力、信息甚至实物资源等

■ 云计算与云服务

一种提供便捷的、按需获取的、可配置的计算资源共享网络的模式。其中，计算资源包括网络、服务器、存储、应用与服务资源，这种模式能通过最少的人工干预为用户提供快速服务

图 2-1 云计算服务模式

处理的开销，同时，由于云计算对用户的专业技能要求降低，银行的技术团队也大幅缩减（见图 2-2）。

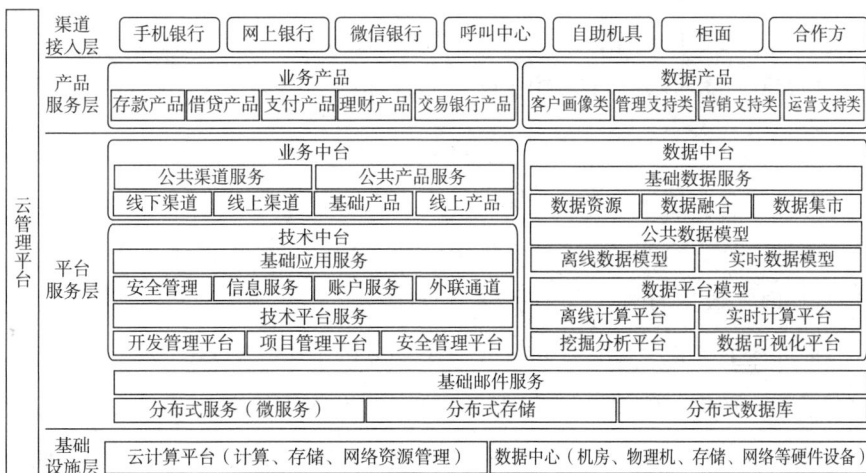

图 2-2 商业银行云管理平台

此外，在安全可靠性方面，云计算中 SDN 和 SDS 技术的融合可以增强

商业银行的数据保护能力、错误容忍度和灾备的恢复能力；在可扩展性方面，云计算技术本身就具有弹性扩展的特点，可减缓性能带来的压力，并且支持快速的业务开发和交付部署；在成本节约方面，云计算技术能够实现统一对性能和容量进行监控，降低存储总体拥有成本（CTO），节约数据中心能源的消耗。

二是提高数据分析能力。鉴于目前缺乏有效的分析工具，大多数商业银行在共享、整合和存储大数据方面仍存在问题。而云计算有可能提升商业银行处理客户信息的能力。目前，金融机构可以从 Microsoft、Amazon Web Service 或 Google 等租借所需要的计算能力，快速处理大量业务数据，分析客户消费习惯，计算投资组合风险。国外领先金融机构已经在使用基于云的分析工具。如 Visa 正使用 Hadoop 挖掘交易记录来构建防欺诈模型。

三是延伸商业银行价值链场景。信息不对称已经成为银行与客户间的首要问题，需要迫切解决。云计算具备多方协同的特点，能够高效聚合与分析资源，为客户提供更加全面、多维度的服务信息。

以零售业务为例，主要用于账户信息和网点服务。客户登录一个界面就可查询本人名下的所有银行/证券/保险/信托/基金等账户信息，包括资产总额、交易明细以及通过智能分析得出的消费建议、理财建议和产品推荐。此外，客户通过手机终端、iPad 等设备可以实时查询距离最近、排队/等待时间最少的网点，及时掌握网点信息。

面向企业客户，云计算可以服务于供应链金融。通过云实现上下游企业在采购、销售、物流等环节的流程协同，为各环节提供支付结算、现金管理、保险代理、税务管理等服务。此外，通过与传统财务和 ERP 厂商合作，买卖双方可以通过云完成订单与发票收发、流程状态查询、审核、支付等，商业银行可以根据所掌握的业务信息提供融资服务。

（三）人工智能：驱动银行塑造新业态和新生态

一是变革商业银行经营全过程。人工智能的迅猛发展使机器变得越来越智能化，能够更好地模拟人的行为，进而为客户提供批量亲民化与个性化服务，对金融行业产生深远影响。人工智能还将对银行与客户沟通和深挖客户需求发挥重要作用，也必然会对金融产品、服务方式和渠道、投资决策、信贷和风险管理等产生新的变革。具体来说，人工智能技术在前端能够为客户提供服务，在中台能够对各种金融决策、交易和授信提供支持，在后台能够进行有效的风险监控，将会对目前的金融格局产生深刻的影响，会使金融服务变得更为智能与个性化。

二是重塑商业银行的技术架构。目前人工智能在银行业的应用刚刚起步，各家银行存在差异，有的银行选择自主搭建或合作研发人工智能平台，有的银行则是完全外购平台。这两种做法各有利弊。完全外购服务的优势是见效较快，银行可以从中不断学习、探索，并转换为自有知识积累，提高自身对技术的掌握程度。自主或合作研发模式会使把控性更高，后期升级维护的成本更低。目前，工商银行、农业银行、中信银行依靠自身力量搭建了基于开源框架的机器学习平台。

三是改变商业银行的竞争格局和服务方式，降低人力及运营成本。一方面，改变商业银行的竞争格局。目前人工智能技术与商业银行的融合已经涵盖了基础层、技术层与应用层。网络公司、商业银行与人工智能公司都参与其中，人工智能公司凭借技术优势可以为商业银行提供软、硬件支持，但是，在数据资源与整体解决方案等方面处于弱势，需要获得其他公司的支持；网络公司正好具备这些资源，并且涉足了互联网金融领域，可以为商业银行的变革提供有效的技术支持；商业银行也开始自建科技部门进行智能化重构，这主要是出于数据保密与安全的考虑。另一方面，改变商业银行的服务方式，降低人力及运营成本。人工智能的迅猛发展使机器的模拟功能更加完善，能够为客户提供批量亲民化与个性化服务，从而升级客户体验。未来商业银行将以人工智能技术为基础，加大同科技公司的合作力度，将大量被传统金融业务排除在外的长尾客户纳入服务范畴，使更多的客户享受到方便快捷的服务。同时，利用智能机器开展业务，实现自动化与电子化，无须耗费纸质资源，能在很大程度上减少部分硬性成本支出。此外，机器人与智能客服等的运用将辅助或全面代替人工，也有利于降低人力成本。

（四）区块链：改变商业银行运行的制度基础，助力实体经济发展

第一，深刻改变目前商业银行运行的制度基础。商业银行有三个重要的制度基础：一是根据法律法规建立起的法律框架下的信任规则；二是信用中介的客户资产使用权的交换配置规则；三是统一集中的交易清算规则。未来，区块链可将现有银行体系的基础制度和交易规则固化在底层协议中，大幅降低行业风险经营复杂度和风险管控成本，推动底层基础设施的标准化和自动化、高层业务应用的分散化，从而实现去中心化的价值安全转移，有效提升银行运行效率，降低行业准入门槛。

第二，助力商业银行系统性解决全业务链痛点和顽疾。从流程改善预期来看，区块链将解决银行服务各流程环节存在的效率瓶颈、交易时滞、欺诈和操作风险等问题；从技术应用效果来看，区块链技术带来的收益将惠及所有交易参与方，包括银行、客户和合作方；从业务改进情况来看，区块链将对跨境支付与结算、证券发行与交易、票据与供应链金融、客户征信与反诈欺四大场景产生最直接有效的影响（见图 2-3）。麦肯锡测算，区块链技术可使 B2B 跨境支付结算成本降低 40%。

第三，促进产融结合，引导银行贷款注入实体经济。中小企业多以家族式经营为主，信息透明度不高，即使提供了资产证明材料，有时也难以

金融服务主要交易环节	金融交易发起	交易前验证	交易审批	合同签订	交易处理	账务处理	交易完成
现有流程痛点	·手工发起 ·需要人工干预	·人工验证/审批 ·信息分散、不透明 ·欺诈骗局 ·多方介入：公正机构、律师等 ·等待时间较长		·纸质合同传送成本高	·交易时滞 ·系统失误/不兼容 ·手工处理		·交易记录有期限 ·面临篡改风险
区块链技术优势	·系统自动触发（智能合同）	·快速实时验证与审批 ·无须第三方参与 ·信息透明、安全可靠 ·反欺诈 ·无纸化审批		·智能合约	·跨系统信息实时同步 ·最小化系统错误	·无账务处理	·交易记录永久且不可篡改

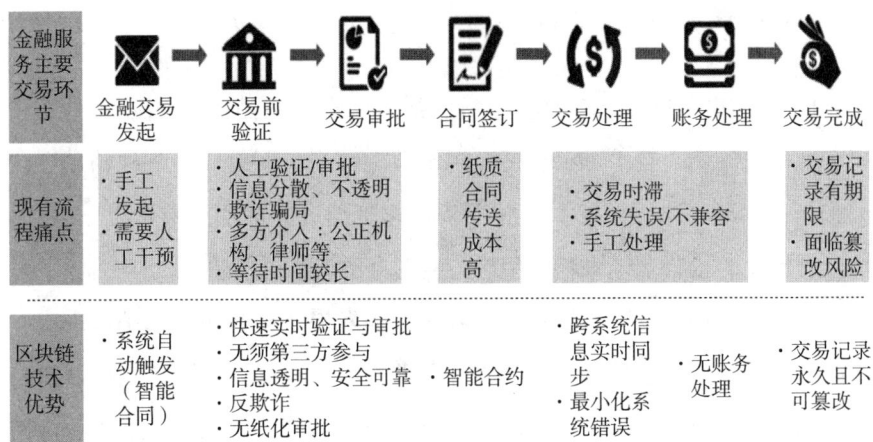

图2-3　区块链技术可解决银行全业务链条痛点

辨明真伪，造成银行放贷时顾虑较多。破解中小企业融资难问题的一个关键因素在于提高中小企业信息的可信度。区块链技术的主要特征就是不可篡改，相关各方的信息是对称的、可信的，经过审核的企业产权登记、权属证明、经营信息等均可追溯和验证，银行监管、信贷和风控部门的工作效率将会大大提升，对中小企业放贷的积极性也会显著提高。

综上，区块链技术与金融的结合并非偶然。"区块链+"是一种思维，以区块链为中心构建多方参与的安全计算、人工智能、云计算、物联网等基础设施建设，从而为商业银行带来多元化能力的提升。不过对于金融领域而言，运用区块链要取其精华，回避其短板。区块链以大量冗余数据的同步存储和共同计算为代价，牺牲了系统处理效能和部分隐私，并不适合零售支付等高并发的支付场景，也不适合商业信息和个人隐私保护高的业务。但借助集体维护、多方协作、可证可溯、可信共享的技术优势，有望在存证、确权、贸易金融等公共服务领域探索多方共建系统，打破信息孤岛，加速数据的可信共享，重塑多方的协作机制。

（五）5G：辅助新兴技术落地，解决行业运行痛点

第一，辅助新兴技术应用落地，实现金融场景再造。5G并不像人工智能、区块链等新兴技术可以直接应用于金融领域，而是作为一种辅助手段和工具，辅助各种新兴技术应用场景加速落地，促进现有技术更新换代、优化升级，为银行业注入新的生机，实现金融场景的再造。

一是全面促进物联网技术在金融领域的发展。物联网金融是对现有互联网金融服务的直接升级，其本质可以理解为对现有互联网金融更深刻的"线上化"。在5G的推动下，物联网采集的数据量会更大，采集渠道会越来越广泛（车联网、农业物联网、可穿戴设备等），涉及的数据维度也会越来越多，这些都会为后续的数据价值化操作奠定扎实的基础。

二是推动大数据技术在金融领域的落地应用。5G的发展首先进一步丰富了数据采集渠道，使数据量越来越大，数据维度越来越多，数据格式越来越丰富等；而在数据处理效率方面，边缘技术将会得益于5G技术的发展，极大提升数据传输和处理的速度，扩大数据应用的边界，有效推动大数据分析在金融领域的落地应用。

三是促进云计算在金融领域的普及应用。由于5G明显提升了网络响应效率、可靠性和单位容量，所以大量的本地计算业务完全可以迁移到云端，从而使云计算可以充分发挥自身的优势。这会从根本上影响金融产品的设计思路，全面赋能金融业务创新。

四是为人工智能在金融领域的引入奠定基础。在3G/4G时代，设备连接服务和数据传送服务都离不开核心网，从而给核心网的承载造成极大压力，限制了数据应用的灵活性和效率。5G核心网的用户数据传送服务主要由接入网和承载网直接提供，再结合边缘计算，5G网络支持服务实现了就近部署和就近服务，从而有效减轻了核心网的压力，为在金融领域中成功引入人工智能奠定了坚实的基础。

　　五是与区块链技术相互促进、融合发展。区块链凭借去中心化特征可以协助5G解决安全隐私、信任和可靠性等问题，提升网络信息安全和服务效率，创新商业模式。5G和区块链有效融合将促进整个金融服务的改进和创新。区块链技术有助于5G解决底层通信协议的部分短板，以提升网络信息安全，优化业务模式。

　　第二，解决金融行业面临的痛点。现阶段，中国商业银行传统的功能定位与业务模式难以适应经营环境与竞争环境的变化。从负债端、资产端、支付端及商业模式四个角度归纳了商业银行面临的发展痛点，由此探讨5G对商业银行转型发展的赋能作用（见表2－1）。

表2－1　商业银行发展痛点与5G的赋能作用

业务类型	发展痛点	5G的赋能作用
负债端	低成本资金流失	辅助大数据、云计算、机器学习等技术打造平台化金融，提供全景化个人金融信息服务、企业人力资本金融服务、个人信用管理服务
	传统财富管理服务依赖人工	辅助移动计算、大数据、人工智能等技术提供高效低价的财富管理服务，引入智能投研
资产端	传统信贷领域高收益资产竞争激烈，普惠信贷覆盖力不足	以零售业务为突破口，辅助移动计算、大数据、机器学习、物联网等技术打造开放银行生态系统，创新发展消费金融
	传统的信息流和物流追踪主要通过单据、票证、抵押登记、现场勘验等方式，新兴信贷领域难以有效杜绝风险隐患	辅助物联网技术提升监管有效性，运用区块链技术实现供应链金融中信息流、资金流、物流的可靠追踪，提高小微信贷、农业金融等新兴领域的风险甄别和管理能力，解决小微企业融资难、融资贵问题
	传统信贷审批依赖人工经验，申请流程烦琐，风控能力有限，惜贷情绪严重	辅助大数据、人工智能以及物联网技术优化信贷审批、资金发放、贷后管理等流程服务，实现信贷业务全流程风险管理

续表

业务类型	发展痛点	5G 的赋能作用
支付端	支付转账流程烦琐，用户即时体验效果差	辅助大数据、人工智能、VR 等技术简化支付流程，优化客户体验，实现小额高频支付
	支付清算尤其是跨境支付中间环节多，周转周期长，费用昂贵	辅助区块链技术优化跨境支付清算基础设施
商业模式	运营有形网点成本高、效益低，难以满足客户需求	智慧网点、虚拟银行、开放银行

资料来源：中国民生银行研究院。

第三，重塑商业银行前中后台。5G 通过与大数据、人工智能、物联网、VR/AR、音视频等技术的相互促进和协同融合，深化银行产品与服务模式创新，将给银行前中后台带来新变化和新可能（见图 2-4）。

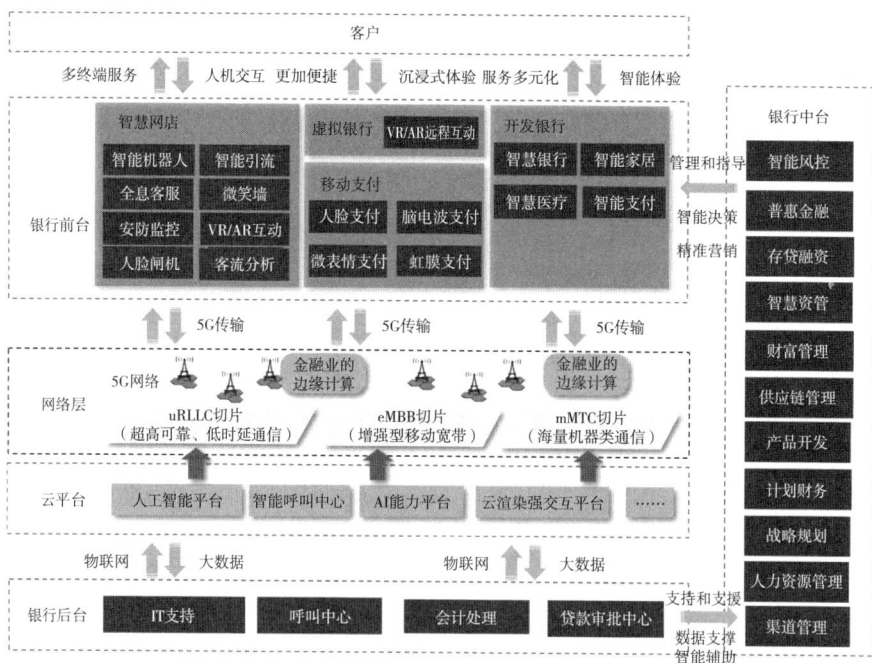

图 2-4 5G 带来银行前、中、后台的变化

在前台，5G技术打破了空间距离给银行服务客户带来的限制，使视频通信由现实到虚拟现实、声音画面由高清到全息成为可能。5G网络环境下，大数据、人工智能、VR/AR、多媒体等技术在银行网点前台得以灵活运用，助力前台部门在客户营销、融合服务创新等方面取得良好成效，典型业务如移动银行、8K直播、VLOG式全方位细致客户识别、远程视频专家服务等。

在中台，5G支撑万物互联，依托多样的物联设备实时收集维度更广、可信度更高的数据。通过前台多种场景的数据沉淀，后台智能系统对多维度数据的计算和分析，可以进行较为全面的用户画像，为中台的政策与策略制定、产品开发和对市场环境、客户动向、内部资源的分析研判等提供有力的数据支撑和决策辅助，做到事前的风险预判，也为前台提供科学的管理和指导。

在后台，5G网络切片的应用促进带宽速率倍增，端到端的网络延迟大幅下降。通过分析海量、动态、相互关联的数据，可识别个人或企业的关键属性，分析其行为特征，掌握其实时资产状态，开展更加有效的全流程监测和风险监控。不论是银行的信用评估和风险监控，还是中台的数据输出与数据支撑都将实现质的飞跃。

（六）物联网：重塑市场格局，升级金融服务

第一，产业互联网重塑金融服务市场格局。产业互联网的加速到来给金融服务领域带来四大趋势变化：一是战场转移。金融服务竞争的主战场将由消费互联网转向产业互联网（见表2－2）。

表2－2 消费互联网与产业互联网的比较

项目	消费互联网	产业互联网
与传统行业企业的关系	传统行业颠覆者，与传统行业企业构筑此消彼长的关系	传统行业数字化、智能化助手，与传统行业企业共生共赢

项目	消费互联网	产业互联网
对连接深度的临界要求	对消费者的连接深度的临界要求较低，简单的触达和信息交互即可满足临界要求	对企业的连接深度的临界要求很高，与产业机理相整合的信息交互才能产生有益价值
连接成本与服务特征	由于连接深度低，因而连接成本低；个人消费者所谓的个性化需求可被流水线式满足	企业客户决策理性，深度连接的成本高；由于企业所在行业及其定位的不同，企业客户天然具有异质性，且该异质性与其生存竞争紧密关联，企业需要真正的定制服务

二是格局重塑。天然产业壁垒的存在阻隔了部分跨产业的网络效应，原有通过瓜分 C 端支付入口形成的以阿里巴巴和腾讯为首的寡头垄断格局将被以产业链为单位的生态共同体替代。生态共同体具备高度复杂性：一方面，不同生态之间相互区隔又局部融合；另一方面，同一企业的生态角色异质且多样，如传统企业佼佼者（海尔、格力等）既是所在产业生态的核心企业，也可利用其财务公司为上下游企业提供金融服务，从而成为金融服务提供方。

三是市场分野。按照互联网化红利和产业壁垒两个维度特征，可以将不同的产业分为四大类。金融服务企业和产业核心企业在不同特征产业领域角逐产业金融服务主导权（见图 2 - 5）。在互联网化红利高、产业壁垒

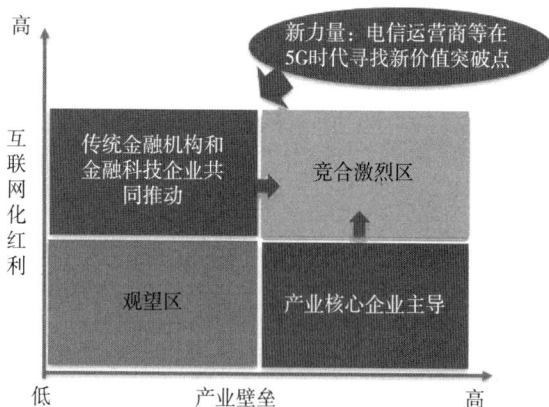

图 2 - 5　产业互联网时代金融服务格局

低的产业领域，主要由传统金融机构和金融科技企业共同推动；互联网化红利高、产业壁垒高的产业领域将成为传统金融机构及金融科技企业等金融服务企业和产业核心企业的竞合激烈区；互联网化红利低、产业壁垒高的产业领域将主要由产业核心企业主导，自驱拉动；而互联网化红利低、产业壁垒低的产业领域将成为观望区，各方力量都不会在前期贸然进入。

四是产业普惠。消费互联网带来个人金融服务普惠化，产业互联网将带来小微企业金融服务普惠化。5G 技术使企业行为线上化的成本在未来大大降低，并将产生几乎涵盖企业生产经营全流程的多维度海量数据。同时随着金融服务企业自身数字化、智能化水平的进一步提升，金融服务企业利用数据智慧高效服务小微企业将成为可能。

第二，产业互联网带来多元、定制、动态化的金融服务。数据资产是产业互联网体系下传统产业生态和生产性服务业融合的纽带。传统产业生态以核心企业为中心，包括以上游供应链为基础的商品网络、以终端触点为基础的产品经销或服务匹配网络，以及围绕核心企业的合作伙伴网络。海量数据产生于上述各网络的日常生产经营和交互过程中，数据对外输出为生产性服务业所用，数据分析的结果最终又以服务的形式返回作用于上述各网络组成的产业生态，由此提升整个产业生态的生产经营效率和智能化水平。作为重要的生产性服务业，金融服务只有自身的数字化、智能化水平达到相匹配的高度，才能真正有效利用产业生态的海量数据，提供高价值的相应服务。

在此基础上，综合产业互联网的趋势变化分析，金融服务在产业互联网背景下将具备以下几方面的特点。

一是多元化。由于同一垂直产业链内协同作用凸显，产业链内不同价值环节企业之间的界限变得更模糊，掌握数据的企业在上下游延伸方面变得更顺畅，金融服务的对象可能从单一企业扩展到产业核心环节或整个产业链。此外，除了现有的金融服务企业外，产业核心企业、电信运营商等

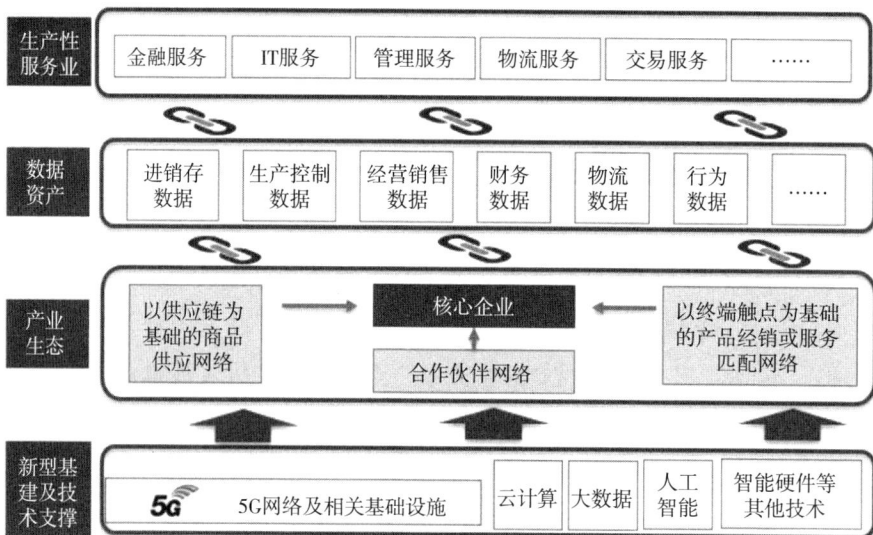

图2-6 产业互联网体系构成要素

服务提供主体都有可能借助各自优势切入金融服务环节。

二是定制化。为产业互联网提供服务，需要与被服务企业深度连接。产业壁垒的存在、不同企业在产业内价值定位的不同，使得面向企业的金融服务更需要定制化的解决方案。

三是集成化。以数据资产为连接，企业的服务需求呈现集成化、整合化，即企业追求其所需各种服务整合后的整体服务的最优化，而不是单纯追求单一服务的最优化。因此，金融服务本身可能作为其中重要的一项"被集成"整合进去。

四是动态化。信用评估利用的数据从历史的、静态的、维度单一的财务数据转变为实时动态的多维度数据。在此基础上，风控评估将向前延伸具备动态性和前瞻性。金融服务产业链的信用评估逻辑从核心企业的信用外溢转为基于海量数据畅通流动的信息透明度提升。

二、数字化银行构架模式的改变

数字化银行的核心要义是通过数字化技术重新定义和细化客户服务的要素，更快地适应市场需求、满足客户更个性化的产品需要。为此，必须改变以往烟囱式条线管理架构，按照服务的基础支持层、服务的公共模件层、产品组装层来重新设计和调整银行前台、中台、后台的构架，形成"强大稳健的后台，高度复用的大中台，简单敏捷的前台"模式，以灵活差异化应对需求复杂多样的不同客群（见图2－7）。

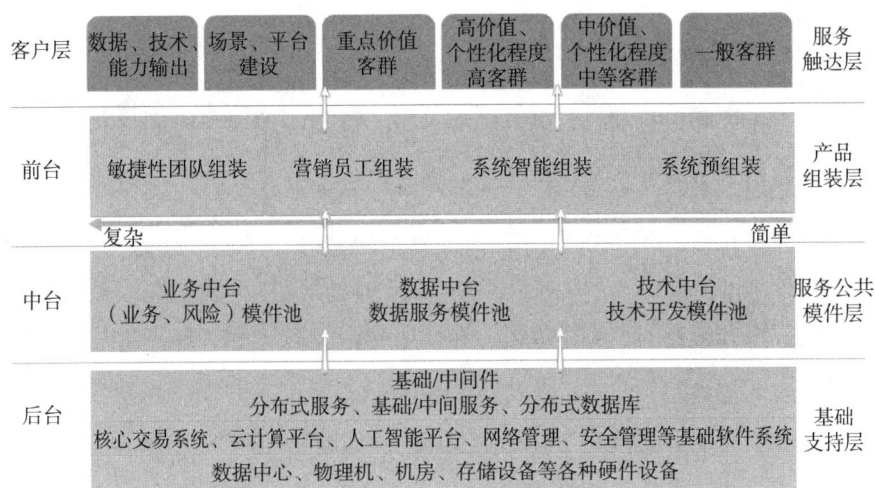

客户层	数据、技术能力输出	场景、平台建设	重点价值客群	高价值、个性化程度高客群	中价值、个性化程度中等客群	一般客群	服务触达层
前台	敏捷性团队组装		营销员工组装	系统智能组装		系统预组装	产品组装层
	复杂					简单	
中台	业务中台（业务、风险）模件池		数据中台数据服务模件池		技术中台技术开发模件池		服务公共模件层
后台	基础/中间件分布式服务、基础/中间服务、分布式数据库核心交易系统、云计算平台、人工智能平台、网络管理、安全管理等基础软件系统数据中心、物理机、机房、存储设备等各种硬件设备						基础支持层

图2－7　数字化银行架构

（一）强大稳健的后台

银行的后台是服务的基础支持层，主要是指银行 IT 的基础设施和基础系统，是提供核心交易处理、数据存储、运算和交互、安全防卫等的物理硬件设施、软件系统及技术方案，主要包括核心交易系统、云计算平台、大数据平台、人工智能平台等设施。核心交易系统主要是处理银行大小额资金交易等核心账务的业务场景。分布式架构的私有云计算平台是大数据、人工智能、物联网等上一层信息服务的基础载体。它能够从基础层面，标准、规范、自动化地输出相关基础信息，能够高度灵活、快速、低成本地扩展。大数据平台是企业级统一数据分析平台，通过运用大数据新思维、技术、方法和工具存储内外部多种数据格式的海量数据，基于分布式和流计算的快速计算能力，以及运用机器学习、数据沙箱、可视化等技术实现数据分析和挖掘，增强或延伸传统 BI 应用功能。人工智能平台由语音识别、计算机视觉以及自然语言理解、大数据基础及机器学习技术等功能模块组成，可以从企业级层面形成不同业务主题平台。

（二）高度复用的大中台

中台主要是以松耦合、高内联的去中心化核心理念，从服务的要素构成重新定义划分服务要素，按照公共服务模件池的方式，开发和丰富模件池组件内容，提高服务共享组件的可复用性，以快速响应变化的需求，快速推进创新业务，降低成本，提高效率，降低银行新系统、新业务开发的复杂度，提升银行的核心竞争力。银行的中台包括技术中台、数据中台和业务中台三部分。

技术中台，主要目的是避免技术上的"重复造轮子"，实现敏捷开发，降低成本，提高系统交付速度。技术中台主要是通过开发平台、微服务平台，实现技术应用层面的能力高复用，以高度弹性应对系统、服务等的技术开发。技术中台扮演的角色像编程时的适配层，起到承上启下的作用，将整个银行的技术能力与业务能力分离，并以服务组件方式（对内也可以视作一种产品）向前台提供技术赋能，形成强力支撑。

数据中台，是指通过数据技术，对海量数据进行采集、计算、存储、加工，同时统一标准和口径。数据中台把数据统一之后，会形成标准数据，再进行存储，形成大数据资产层，进而为客户提供高效服务。广义的数据中台包括数据技术，比如，对海量数据进行采集、计算、存储、加工的一系列技术集合。狭义的数据中台包括数据模型、算法服务、数据产品、数据管理等，和银行的业务有较强的关联性，是银行独有的且能复用的，比如，银行自建的基础数据模型、数据标签等。数据中台的建立主要是为了业务数据组建的复用，不断通过业务改进和迭代数据模型，推动业务创新。它是银行业务和数据的沉淀，其不仅能降低重复建设，减少烟囱式协作的成本，也是差异化竞争的优势所在。

业务中台，是以高响应业务系统作为支持，将银行业务与业务逻辑进行隔离，通过制定标准和规范，清楚地描述自己有哪些服务、数据和功能，以减少沟通成本，提升协作效率，让任何一条业务线都具备整个银行的核心能力，实现后端业务资源到前台实战能力的转化。它的目的是"为银行提供能够快速、低成本创新的能力"。它的核心是"构建银行业务共享服务组件中心"，是通过业务板块之间的链接和协同，持续提升业务创新效率，确保关键业务链路的稳定高效，兼顾经济性，并突出组织和业务机制。

（三）简单敏捷的前台

数字化银行的前台主要是为客户组装个性化、定制化产品。这种搭积木式的组装前台包括四类，与客户个性化程度要求相关：一是系统预组装产品。系统预组装好的产品，就像电脑的预装软件，客户打开即用，这些产品各银行都有。数字化银行这方面需要加强的是根据客户的基本情况做一些有针对性的服务包，形成类似千人千面的不同产品。二是系统智能组合产品。系统根据客户的选择，以及相应的智能推荐，逐步形成的系统产品组合。这个产品是根据客户逐步组装形成的。三是员工组装产品。前端营销员工根据客户情况，在系统的帮助下，通过公共服务模件池提供的组件为客户定制的产品，比如，财富管理类产品。这需要员工的专业技能和系统结合，创造性地组装适合客户个性化要求的产品。四是敏捷团队组装产品。为价值高、个性化程度高或是有特殊要求的客户组建敏捷性团队，根据公共服务模件池的组件专门为客户量身定做的产品，比如，政府部门、大型集团客户，以及大型的技术、数据服务输出客户等。对于前台来说，各类基础服务组件要简单化、标准化，易查易用，最好是直接拿来就能用。同时，前台的各类客户辅助工具也要到位，简便易用，便于前台营销人员快速掌握客户有关情况而制订个性化方案。

三、数字化转型的初步效益改变

综合国内外银行业的数字化转型实践来看，通过数字化转型，银行大约可以带来30%的新增客户，降低80%的小微企业贷款风险，降低20%的营运成本，抵御40%的外部金融科技竞争冲击带来的净资产收益率下降。粗略地讲，通过数字化转型可以给中国银行业带来2万亿元的收益。

（一）带来30%的新增客户

招商银行是定位于全面数字化的领先银行之一。该行是2018年国内第一家率先实现网点"全面无卡化"、从银行卡转向App的银行。2019年末，其手机银行在新浪金融测评室的测评中，是唯一一个得分90分以上的App。招商银行行长田惠宇在2018年年报中披露，"招商银行"与"掌上生活"两大App累计用户数达到1.48亿户，增长43%，月活跃用户突破8 100万户，增长47%。其中，"招商银行""掌上生活"两大App分别已有27%和44%的流量来自非金融服务。也就是说，通过数字化转型，至少可以带来30%的新增客户。

（二）降低80%的小微企业贷款风险

中国人民银行和银保监会发布的《中国小微企业金融服务报告

(2018)》显示，截至 2019 年 5 月末，普惠小微贷款余额为 10.3 万亿元，全国金融机构单户授信在 1 000 万元以下的小微企业贷款不良率为 5.9%，而已全部实现大数据风控的微众银行、网商银行 2018 年的贷款不良率分别为 0.51% 和 1.3%，取两者的中间数，假设数字化转型后小微贷款不良率为 1%，那么不良率从 5.9% 降低到 1%，可以降低 83% 的小微企业贷款风险。

（三）降低20%的银行营运成本

根据麦肯锡的研究，通过客户端到端的数字化改造，成本会降低 15%~25%。麦肯锡预计，如果全球银行业都采取数字化措施，生产率的改善可以带来 7 000 亿美元的盈利。到 2025 年就能将行业的成本收入比从现在的 54% 下降到 38%。根据麦肯锡的研究，并结合实践，通过数字化转型，银行业大约可以降低 20% 的营运成本。

（四）抵御40%的外部金融科技竞争冲击

麦肯锡研究认为，全球银行业沿现有的发展轨迹，加上利率上涨等其他利好因素，行业净资产收益率到 2025 年可达 9.3%，仅略高于现有水平。但是对外部金融科技发展如预期般强烈，其认为银行业没有任何的抵御措施，净资产收益率将下降至 5.2%。造成下降的主要原因是零售、支付和资产管理方面的利润率下降。换句话说，通过数字化转型，银行可以抵御 44% 的互联网等外部行业竞争冲击带来的净资产收益率下降。

结合上述情况，根据 Wind 披露的全部银行 2018 年的合并报表，全部银行的利润总额为 2.27 万亿元，管理费用为 1.7 万亿元，手续费及佣金净收入为 0.96 万亿元，2019 年银行业普惠金融贷款总额为 11.67 万亿元，以管理费用中 50% 为营运成本费用，对公条线收益占比为 50%，4.9% 的普惠不良贷款中最终有 1.7% 无法收回（2019 年，银保监会披露的 24 135

亿元不良贷款中，损失类贷款为 3 894 亿元，占比为 16.13%，考虑有些损失已经被冲销或处理不在账面数据体现，略提高最终损失率为 20%，另外不良贷款需要增加拨备）假设 30% 为数字化转型后新增客户带来的利润增长。简单计算，2.27 × 30% + 1.7 × 50% × 20% + 11.67 × 1.7% + 2.27 × 40% = 1.9574 万亿元。粗略地讲，通过数字化转型可以给我国银行业带来约 2 万亿元的收益（见图 2 - 8）。

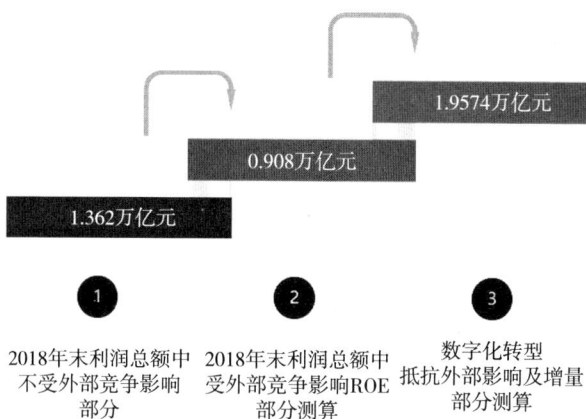

图 2 - 8　商业银行数字化转型前后利润变化

第三章　商业银行数字化转型的主要方向

银行是因客户存在而存在，没客户就没有银行。因此，从外部来讲，未来银行至关重要的是客户、客户活动场所以及客户的服务关系。客户包括直接和银行打交道的客户，也包括通过将银行的能力输出（API、SDK 等平台）到同业以及其他第三方产生的间接客户。客户活动场所既包括网点、手机银行等银行自有平台渠道，也包括通过系统直连、API 嵌入形成的各类生产、生活场景（一定程度上可以视网点自有平台渠道等为更广泛的场景）。为了尽可能地提高这些客户的满意度和贡献，银行会不断使用更高级的数据分析技术，提供更加智能、个性化的服务。为了夯实客户、场景、服务这三个发展的基础环节，银行需要加强数据银行、智能银行、开放银行这三个方向的发展。

建立数据银行是为了以数据为引领，聚焦和洞察客户需求，调整业务流程，提高营运效率，从而制定有针对性的服务，这是传统银行真正转向以客户为中心的基础。由于传统银行服务相对而言是一种被动式服务，服务场所和客群范围相对较小，为了让金融服务更为广泛地存在，渗透进更多的社会生产生活，需要建立开放银行。开放银行主要是通过服务场景的搭建及对同业或第三方合作者的金融服务能力输出（包括自身服务的输出、技术的输出）让服务遍及更多的客群和场景。同时，通过这些客户、场景、服务的数据收集和挖掘分析，又可以更好地为客户服务及体验的迭代升级打下基础。数据挖掘分析不断深入及高级应用必然使服务向更加智能化、个性化的方向

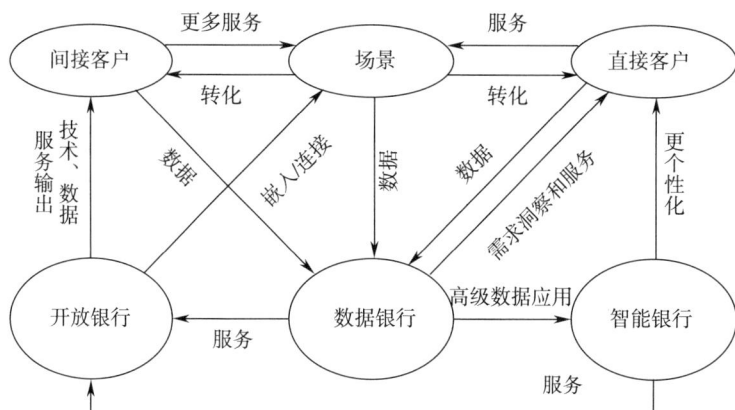

图 3 - 1　商业银行数字化转型方向

发展，从而必然产生智能银行。智能银行使数据银行、开放银行提供的各类服务更加高效，客户的个性化体验更好。简单地说，数据银行是以客户为中心改进服务的基础，开放银行是扩展银行服务边界的工具，智能银行是以客户为中心的数据银行的更高级提升和应用（见图 3 - 1）。

一、数据银行：从数据洞察世界

（一）大数据技术给商业银行带来了机遇和挑战

我国大数据产业蓬勃发展，融合应用不断深化，数字经济质量提升，"数据资产化"的概念被愈加重视。中国共产党第十九届四中全会提出"健全劳动、资本、土地、知识、技术、管理、数据等生产要素由市场评价贡献、按贡献决定报酬的机制。"这是中央首次在公开场合提出数据可作为生产要素按贡献参与分配，反映了随着经济活动数字化转型的加快，数据对提高生产效率的乘数作用凸显，成为最具时代特征的新生产要素。

大数据时代的到来在金融服务业掀起了一场历史性变革，商业银行迎来了前所未有的机遇。比如，银行可以通过大数据分析了解客户发生的交易活动、融资投资行为及信用情况，从而更好地提升经济效益和整体服务质量，也能够更为精准地监控和预测金融风险。与此同时，大数据的到来也给银行带来了挑战，不仅对数据收集、整理和分析提出了更高的要求，也加剧了对传统金融服务模式的冲击。商业银行必须加快转型步伐，才能适应时代的发展。

（二）商业银行在数据沉淀方面具有天然优势

一是具有长期的数据积累。一直以来，由于银行自身的行业特性，在长期营业的过程中收集并积累了海量数据。这些数据涉及范围广，分为结构化数据以及非结构化数据两类。通常情况下，结构化数据包括交易人的公积金工资情况、消费贷款情况等。非结构化数据种类繁多，以图片、地理位置、音像为典型代表。美国波士顿咨询公司调查发现，银行业平均每创收 100 万美元，就会产生大约 820GB 的数据。同样的创收水平下，电信、能源或者保险等行业对应的数据量大约为 490GB、15GB、198GB。相比较而言，银行业产生的数据要远远大于其他行业，也就是说，银行业在应用大数据方面优势突出（见图 3 - 2）。

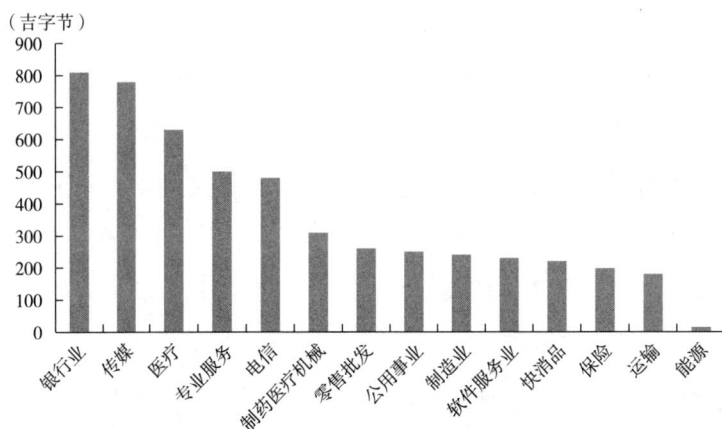

图 3 - 2　每 100 万美元收入的实际数据用量

（资料来源：波士顿咨询公司）

二是应用场景丰富。当前，银行已将数据广泛应用于产品营销、信贷决策、风险防范、反欺诈、信用评分、评级、客户画像等和企业、个人生产生活密切相关的场景。但是，我国大多数商业银行大数据应用仍然处在起步阶段，大多只采用描述性数据分析，偶尔采用数据建模进行趋势预测。数据资产大多来自内部客户交易，外部来源的数据较少。与国际先进银行相比，目前我国商业银行尚存差距，迫切需要在大数据应用深度、广度和频度方面加强实践研究，以实现数据资产增值。

三是传统风险防控能力强。商业银行作为长期经营风险的专业结构，经过多年的实践在传统金融风险方面积累了丰富的经验。但是，随着新一代数字技术的发展，人们的生产生活方式发生了很大改变，也给银行的经营模式、服务方式及风险防范方式提出了巨大挑战，对商业银行的经营模式、服务质量、风险管理均提出了更高的要求。商业银行结合"大数据思维"进行的有效实践将会提升信息化应用水平。

四是具有较为充足的预算。当前我国大多数银行资金实力雄厚，有利于吸引高端复合型人才，能够为大数据技术的应用创造有利的环境。

（三）大多数银行在数据应用方面开发不足

尽管近年来各银行在大数据技术的推广、应用和管理方面取得了长足的进步，但是仍存在数据应用意识不强、数据应用不够深入以及数据研究集成度低等问题，与大数据、信息化时代的发展要求尚存差距。一方面，对大数据认识不到位，没有从促进业务发展乃至提升管理效能的角度充分评估其应有价值，导致目前大多数银行仅运用部分内部数据作大数据分析，覆盖面和应用范围都比较小，尚未充分挖掘外来数据，无法对客户进行准确评价。另一方面，虽然各家银行均已将客户的基本信息、交易信息记录在银行信息系统内，但是忽略了大量的外部关联信息，导致大量的外部数据没有被作为重要资源而收集，而且目前尚无有效方式来识别和记录这些信息。此外，由于商业银行日常管理条线分割，大数据应用和管理具有部门局限性，全行没有形成统一的数据规划，容易造成信息基础设施的重复建设，无法发挥数据集成的整体合力。

导致大多数银行在数据应用方面开发不足的主要原因在于以下三方面。

一是数据处理复杂，充分挖掘困难。鉴于商业银行积累的数据量庞大、维度广，在处理过程中存在数据整合度不高、使用率低下以及处理过程复杂等诸多问题。一方面，目前商业银行缺乏对数据的有效分类和整理加工，导致现阶段尚未形成系统性的数据治理体系。另一方面，商业银行内部缺乏顺畅的共享机制，各部门、条线处于分割状态，难以有效整合和使用数据。而且近年来随着信息技术的不断发展，非结构化数据在商业银行的占比不断上升，造成数据构造关系复杂，重复率高。

二是大数据应用推进和落地受阻。一方面，数据应用难度大，制约因素多。鉴于计算模型涉及机器参数、执行行为、成本函数、性能优化、扩展性与容错性，因此对商业银行技术架构提出了非常高的要求。另一方面，从技术角度来看，只有将大数据技术融入银行原有业务发展中才能彰显价值，而商业银行新建的应用系统往往缺乏数据沉淀和数据思维，难以衡量大数据应用的投资效果。这就造成尽管目前大数据在商业银行反欺诈、征信、智能风控等领域已有成熟案例，但是在大多数层面还处于探索阶段。

三是数据安全问题得不到保障，客户所涉及的个人隐私难以得到有效保护。现阶段，没有明确的法律条文来规范客户数据的收集、存储、管理和使用，仅仅依靠商业银行自律无法适应大数据时代的客户隐私要求，客户也没有途径获得个人隐私信息去向。

（四）银行应转型为数据洞察驱动业务发展的业务模式

1. 数据可以应用于银行多项业务

在当前环境下，商业银行对大数据的应用主要体现在知识挖掘和实时交易分析两个领域。前者是从现有的数据中挖掘关联关系，从而获得新的结论并运用于决策支持和风险管理；后者在前者的基础上，根据已知的关联关系辅助客户提供实时建议，对交易行为进行实时风险防控。具体应用主要体现在以下六大方面。

一是实施有效的客户管理。通过大数据技术可以更加精准地识别数据、挖掘数据之间的相互关联，根据客户的行为和交易信息，有效划分潜力客户、优质客户和流失客户。在此基础上，制定差异化的管理策略。此外，建设 CRM 系统有助于实时精准地进行客户管理，有助于客户经理开展有针对性的营销或客户服务。

二是实施精准营销。实时推送是提高客户满意度的有效模式。举个例子，当客户完成某次交易的瞬间能够及时接收到与之关联的消费优惠信息，就会提升客户再次消费的可能，刺激客户进一步消费，这有利于银行发展业务。在开展业务时，如果能够充分利用大数据进行分析，优化更多的营销方案，这将会给客户以及银行带来更多的惊喜。

三是创新金融产品。通过大数据智能化分析和预测客户需求，可以使银行更深入地了解客户的习惯，摆脱过去盲人摸象的传统模式，做到有的放矢，为产品创新奠定基础。此外，大数据技术可以应用于产品创新评价，追溯成功或失败的原因，找出市场对新产品的"敏感因素"，为后续的创新工作提供经验借鉴。

四是定制个性化产品。近年来，我国商业银行树立了"以客户为中心"的经营理念。商业银行运用大数据技术在原有基础上对客户进行更细的分类，寻找更小众的客户群体，从而根据每个客户的具体特征制定特定的额度、期限、还款方式的产品，实现系统自助审批，真正做到产品个性化定制。

五是开展智能风控。大数据技术在风险管理领域最能发挥作用，尤其在操作风险防控、类实时的反欺诈场景中，"大数据"有着传统管理方法不可匹敌的优势。因为风险识别建立在对诸多数据的分析挖掘上，不断改进计算模型和内部评级方法对提高计量能力、风险识别能力将会有非常显著的作用。

六是辅助决策实施。商业银行传统的战略决策主要依靠高层管理人员的经验判断和主观意识，决策过程大多是定性判断，缺少定量分析和大数据应用经验。未来，大数据应用将驱动银行的决策方式由人工向数据转变，决策过程也将注重提前预测而非被动改变。

以上六个方面是大数据在商业银行业务过程的具体应用，在商业银行的零售银行业务、公司银行业务、资本市场业务、交易银行业务、资产管理业务、财富管理业务等板块均有较大的应用潜力和空间（见图3-3）。

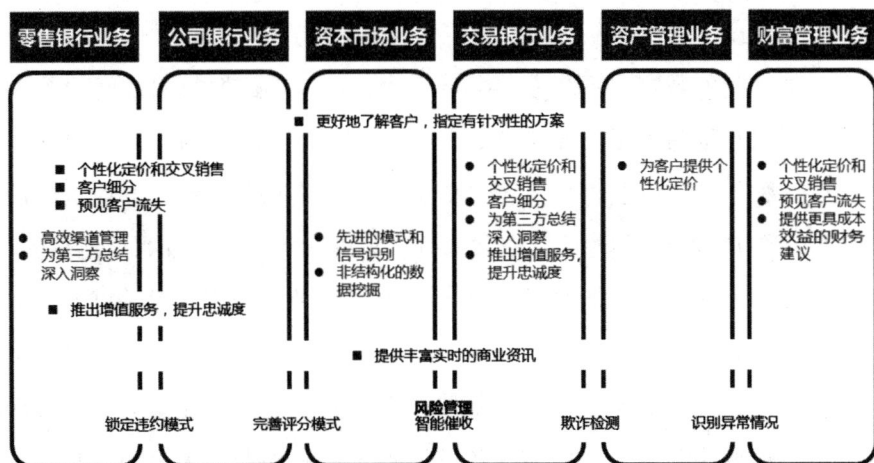

图3-3　大数据在银行业六个业务板块中潜在的应用

（资料来源：波士顿咨询公司）

2. 国内外数据充分应用已取得很好实践

国际领先银行在大数据应用方面早已有所布局，MarsterCard、Visa 和花旗银行等世界一流金融机构已进行了多年尝试，目前在产品营销、智能风控等方面都有丰富的经验积累。美国的 ZestCash 公司是大数据技术在金融领域应用中的典范。该公司主要收集整理客户的社交行为数据，经过加工整理挖掘那些具有潜力但是银行目前不愿接纳的客户。在国内的企业中，阿里巴巴在该领域走在前列，主要借助淘宝端客户的众多交易数据，成为"大数据"应用中的典型代表。此外，中信银行、北京银行等股份制银行也积极探索大数据技术在银行的应用落地。

一是强化"数据治行"理念。近年来，"数据治行"的理念已被大多数商业银行所接纳，很多金融机构都养成了分析数据的习惯，倡导用数据说话，让决策更加贴近真实市场。"大数据"革命必将颠覆国内银行的传统观念和经营模式。其中，农业银行成立了大数据管理领导小组，非常重视数据开发利用，强化数据经营管理，努力实现"数据治行"。

二是建设"大数据平台"渠道。一方面，通过"走出去"，积极整合各个行业之间的数据，不断完善共享平台，进一步挖掘数据之间的关联性。中国银行通过开展外部合作，与电子商务、移动网络、社交网络等"大数据平台"完美融合，为客户提供开放服务平台。另一方面，通过"请进来"，广发银行与专业厂商共同打造集网上保理、应收账款池融资、在线融资等为一体的综合供应链金融服务体系，为客户提供触手可及的全方位贴身服务。

三是以建设"智能银行"为最终目标。大数据应用改变了商业银行的运行逻辑和服务模式，打破了传统网点的物理限制，为客户提供 7 × 24 小时的全场景金融服务。面对这种全新变化，国内商业银行都在整合物理网点、手机银行、网上银行及各种移动终端等渠道，不断调整员工岗位，提供一点介入、无触达、全程响应的智能服务，升级客户服务体验。中国银行业协会 2019 年数据显示，当前已经有超过六成的商业银行在创建智能银行，逐步探索以用户为中心，打造开放、共享的金融生态圈。

3. 大数据应用的前景展望

大数据作为金融科技的重要组成部分，与区块链、物联网等前沿科技共同助力商业银行的发展，推动商业银行朝着自动化、网络化、智能化、电子化、移动化方向有序转变。不过，对于掌握核心技术的科技类公司而言，其在促进商业银行发展的同时，与商业银行之间的关系也变得复杂。

一是商业银行与科技类公司的边界变得模糊。近年来，以电商平台为代表的科技类公司有效整合数据，凭借其平台优势，积累海量的客户信息资料，在提炼客户信息的基础上涉足金融业务。这些业务涵盖消费金融、小额贷款、投资理财、保险销售等多个分支。其中，京东商城创新推出京东白条，支持其平台购物者的消费需求；支付宝推出网上定投基金，满足投资者的理财需要；蚂蚁金服与腾讯、中国平安合资建立众安在线财产保险股份有限公司，实现保险的线上销售，减少投保者线下购买保险的出行成本；阿里巴巴结合数据成功推出阿里小贷，对接中小企业的融资需求。科技类公司涉足金融领域的藩篱渐渐减少，将其业务扩展到传统金融领域，在第三方支付、基金销售、信用消费等金融领域全面布局，使得商业银行与科技类公司之间的边界越发模糊，未来两者之间的交叉影响将会更加明显。

二是商业银行与科技类公司的合作越发紧密。商业银行一直保持审慎开放数据的行事风格，其数据方面的专业人才相对匮乏。与之相反，科技类公司机制灵活，创新精神浓厚，其数据处理方面的人才储备充足。商业银行与科技类公司之间存在互补空间，两者之间取长补短的合作潜力巨大。未来，商业银行与科技类公司之间的融合将会更加明朗，其合作形式包括持有股权模式和购买服务模式等。持有股权模式即商业银行作为财力雄厚的战略投资者，投入资金持有科技类公司的股权；或者商业银行与其他机构共同出资成立以其为主导的子公司，抑或是商业银行设立全资子公司。购买服务模式即商业银行梳理需要解决的业务需求障碍，与科技类公司认真商定合作领域，双方基于相互信任签订合作协议，确立科技类公司有偿提供技术支持，向商业银行输出技术方案及服务支持。预计商业银行与科技类公司的合作将各取所长，摆脱各自在资金、人才、技术等要素上的约束，调动科技类公司高效灵活的专业优势，结合商业银行资金实力强大的资源优势，塑造适合各自资源禀赋的互利共赢格局。其中，大型商业银行将来可能采取持有股权和购买服务双重模式，中小商业银行将更多采用购买服务模式。

三是商业银行的应用场景得到延伸。目前，大数据在商业银行的应用领域集中于零售业务，特别是在信用卡领域的应用最为广泛。不过，应用大数据不应局限于零售端这个狭窄空间，预计其将延伸至其他领域发挥更多作用。随着中国社会征信网络体系的逐步规范，类似"企查查""天眼查"、国家企业信用信息公示系统、全国法院被执行人信息查询平台等将不断完善，企业的信息将变得公开、透明、完整、真实。数据健全的征信信息形成联动，将从素材上铺平商业银行扩展其他业务的道路，助力商业银行防范企业信用风险。不仅如此，大数据为盘活过去那些被忽略的长尾客户创造了可行条件。长尾客户群体的金融交易笔数多，单笔业务成本高、收益低且交易量小，其对商业银行的利润贡献略显微薄。出于收益难以覆盖成本等考虑，商业银行过去只能被迫放弃长尾客户群体；不过，大数据支持银行设计便利迅速、高效简单、自动审批的线上金融系统，商业银行借此可以识别长尾客户申请贷款时是否刻意隐藏信息，减少授信中信息不对称带来的道德风险，平衡收益、成本与风险之间的关系。线上与线下数据手段的搭配使用将改变商业银行缺少工具服务长尾客户的困境，促进商业银行支持普惠金融发展。

二、智能银行：个性化服务世界

（一）服务方式和业务模式的再造升级

1. 智能银行的内涵

智能银行的核心是传统银行以客户需求和体验为中心，运用人工智能、区块链、大数据等新兴技术，实现线上、线下的互动与结合，进行资源的重新配置，实现银行商业模式和服务能力的再造与提升，使银行业实现智能服务逐渐替代人工服务。目前，银行对 IT 能力的建设需求巨大，投资规模不断提升。

2. 智能银行的驱动因素

驱动传统银行向智能银行转型的因素很多，其中，市场、场景、数据、技术四大因素是主要因素（见图 3 - 4）。近年来，随着互联网技术的普及和应用，互联网金融的蓬勃发展对传统银行的经营模式带来比较大的挑战，客户对传统银行的金融产品和服务提出了更加多样化、个性化和精细化的要求。同时，银行中积累和沉淀了海量的数据，没有得到有效的分析和运用。随着大数据、云计算、区块链、人工智能等技术的成熟和在银

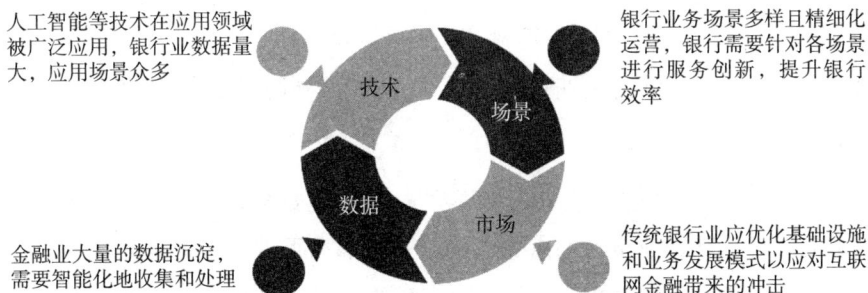

人工智能等技术在应用领域被广泛应用，银行业数据量大，应用场景众多

银行业场景多样且精细化运营，银行需要针对各场景进行服务创新，提升银行效率

金融业大量的数据沉淀，需要智能化地收集和处理

传统银行业应优化基础设施和业务发展模式以应对互联网金融带来的冲击

图 3 - 4　智能银行发展的驱动因素

（资料来源：前瞻产业研究院整理）

行的应用，逐步推动银行业从传统的网点服务模式向线上、线下互动的融合智能银行模式转变，为客户提供随时随地便捷高效的智能化服务。

3. 智能银行使得个性化服务成为可能

智能银行的终极目标是让服务更个性化，而不是机械化，需要从以下五个方面进行研判。

一是能预判客户需求。运用深度学习技术，商业银行可以通过构建分析预测模型将银行金融数据自动导入，提前判断事物变化规律，预测金融交易的趋势，准确识别和预判可疑交易，并提前作出相应的决策。近年来，人工智能进入投资顾问领域，产生了智能投顾。这一新兴的财富管理服务基于个人投资者的收益目标、风险偏好以及风险承受水平等，根据市场情况运用机器算法及投资组合等理论模型，为客户提供智能化的投资参考，有助于再平衡资产配置。相比于传统的投资顾问，智能投资顾问的优势在于客户范围广、管理费用低、风险分散、信息透明且能够避免感性决策等。

二是能识别和提升客户情感黏性。通过语音识别和自然语言处理等技术，银行可以使各类机器系统具有表达、识别和理解喜怒哀乐的能力。一方面，可以使各类系统界面具有"人情味"，更友好、更容易形成自然而亲切的人机交互，营造真正和谐的人机环境。另一方面，可以更好地识别客户的意志目标、价值观念、认知方式等，主动地、创造性地为客户创造更多符合其情感偏好的价值贡献和服务方式，提升客户的情感忠诚度。

三是实行简单服务的自动化。比如，智能客服系统是语音识别和自然语言处理技术在商业银行的重要应用，主要面向行业应用，适用于自然语言理解、大规模知识处理、自动问答系统等领域，智能客服系统不仅能为客户提供知识管理技术，还能使银行与海量用户建立有效的沟通，提升银行的服务质量。除此之外，智能客服系统还能根据过往经验进行自我学习，不断实现优化升级。

四是能缩短客户办理业务时间。比如在客审中引入人工智能技术可以提高客审速度和准确率，简化办事流程，大幅度提升业务效率，大大缩短客户排队等候和办理业务时间。2020年3月，毕马威发布《未来银行—AI整体赋能》报告，其中指出，通过人工智能技术可以将公司信贷评审人员评审文本的评审量压缩到原来的20%左右。

五是能主动发现风险，前移关口。通过人工智能及知识图谱技术，整合内外部数据，智能银行能主动对行业进行全景式扫描，开展行业传导因子分析。通过在贷前贷中贷后定期、不定期扫描对公客户和小微客户风险状况，智能银行有力支撑了贷前调查、贷后业务监控。同时，可以有效开展风险预警，在出现突发事件时及时通知相关人员，实现关口前移。

（二）智能银行的应用实践主要集中在网点、营销、投顾、客服和风控

1. 建立智慧网点

（1）内涵及特征

银行网点是银行与客户直接接触的主要渠道，在目前的经济形势下，简单的开户、存贷、汇款等功能定位已经不能满足社会的需要，银行网点的转型升级势在必行。智能银行是传统银行、网络银行的高级阶段。基于"金融＋科技＋生态"的整体思路，引入5G、人工智能、区块链、物联网等技术，通过产品、服务、流程、设备、程序的衔接与交互，实现银行集中、统一、立体的网点智能化服务体系，帮助银行打造新一代、全功能、全智能模式的新型金融服务体系。

与传统银行相比，智慧网点具有如下特征。

一是业务流程更加合理高效。在大堂巡回的智能机器人可以回答客户的业务问题，自动收集并反馈客户意见。通过智能识别系统、一账通系

统，客户在进入网点的同时，智能预处理终端就实现了业务分流、客户识别、排队叫号，客户只需刷一下脸或者身份证，就能把个人信息传输到柜员的操作系统，大大节省了客户手工填单的时间。

二是服务渠道更加协同。智慧网点里面的电子服务区规模越来越大，各种智能设备减少了人工交互的成本和时间，大部分标准化的交易可以在大堂经理的引导下通过电子柜员机实现。这使得更多的银行工作人员一方面可以为办理复杂业务的客户提供更加周到、个性化的服务，提高客户的服务满意度；另一方面，可以走出柜台，为客户提供更多的金融服务，发现服务机会。

三是银行产品更加科技化。来到智慧网点，不再是简单枯燥的陈设和漫长的等待时间，一切产品都变得具有科技感和趣味性。互动机器人成为金融百事通，轻轻一点座位旁的屏幕，各种信息触手可得，临街的玻璃幕墙看起来像一面镜子，实际上是应用了 AR 增强现实技术，通过动态捕捉系统，客户可以和银行小精灵进行互动。

（2）市场空间

根据广电运通 2019 年发布的《投资者关系活动记录表》，近三年全国银行网点数量均在 22.8 万个左右，各类银行网点的智能更新改造需求集中爆发，未来市场空间巨大。同时，全球商业银行分支机构数量约为 127 万个，零售银行仍是金融服务行业的重要支柱，占银行业总收入的 45%。随着全球金融不断发展，经济环境、人口结构、竞争格局和技术领域等的变化将持续对零售银行造成下行压力，零售银行需寻求创新，以维持盈利水平，全球银行智能化转型的市场空间约为 300 万亿美元。

智能网点 VTM（Virtual Teller Machine）市场预测。VTM 作为银行自助设备的集大成者，具有为客户提供对公对私、国际国内、本外币、金融理财等全方位金融服务的能力，未来将替代 95% 以上的柜台业务，市场容量将是 2019 年的 ATM 产品的 2～3 倍，具有广阔的市场前景。2014 年 VTM 市场进入批量推广阶段，2015—2022年将持续增长。VTM将逐步取代传统的柜台服务，未来市场前景良好。简单测算，2022年仅我国的VTM市场容量就高达220万台左右。

（3）应用实践

从银行业发展趋势来看，轻型化已经成为趋势。轻型化包括通过网点智能化、轻型化的推进，大量应用电子设备，使网点的银行工作人员从日常的业务中解脱出来，把精力投入满足客户个性化需求上。如今，除了网点本身的迁址和改造，国内各大商业银行早已开始通过布放智能设备、机器人等多种方式取代人工（见表3-1）。尤其是国有商业银行，智能柜台的覆盖率明显加大，对人工柜台的替代率也相对较高。

表3-1 国内部分商业银行智慧网点应用实践

银行	智慧网点	应用描述
工商银行	5G新型智慧网点	以5G技术为依托，通过深度集成和整合大数据、人工智能、生物识别等科技手段，建立客户与金融服务场景的紧密纽带，有助于推动商业银行经营业态转型和客户服务体验提升
建设银行	移动式金融服务舱	将计算机视觉技术、智能语音、机器学习等多种人工智能技术相融合，客户能够体验信用卡、投资理财等业务，将来会成为微型、可移动的"快闪银行"，哪里有需求，就可以将银行开到哪里，使金融服务触手可及
中国银行	5G智能网点	在北京推出银行业首家深度融合5G元素和生活场景的智能网点，充分运用生物识别、影像识别、大数据、人工智能、语义分析、AR、VR、流程自动化等前沿科技，实现了线上与线下场景、金融与非金融生态的结合
平安银行	零售新门店	硬件方面，通过建设标准手册实现流程优化、质量保证，用硬件升级促进服务提升；在软件方面，通过口袋银行、口袋银行家、超级柜面FB和大屏4个App承载自助办理、智能营销、智能管理功能，并为客户提供OMO线上线下融合的服务体验，用科技力量赋能门店形态，为软件的不断迭代和创新嵌入打开了无限创新的可能

续表

银行	智慧网点	应用描述
浦发银行	i – Counter	运用大量多媒体、生物认证等金融科技手段，打造刷脸交互、指纹交互、视频交互等智能交互服务体验。通过分类梳理数百个传统柜面交易，数字化再造网点业务流程，化繁为简，并将信息化、业务流程与硬件设备高度集成，实现取款机、存取款一体机、远程智能银行和高速存取款机等设备的多维合体，提供客户高效便捷的一站式综合金融服务
江苏银行	智能厅堂	围绕"极简、极快、极美"的服务理念，进一步简化智能设备操作流程，缩短业务办理时间，并以"一个界面、一个产品"为原则，统一智能柜台、电子回单机、ATM等厅堂设备界面风格，为客户带来极致体验。升级后的智能厅堂服务在各网点上线以来，通过智能柜台办理业务的客户日均输入次数减少5 000多次，日均等待系统响应时间节约9 000多分钟；电子回单客户日均点击量减少近3 000次

资料来源：根据网络公开资料整理。

2. 开展智能营销

（1）内涵及特征

目前，大多数客户存在个性化和碎片化的需求，如何满足他们的动态需求，成为很多商业银行迫切想要解决的痛点。智能营销的出现，在很大程度上缓解了这个痛点。智能营销的本质是以客户为中心，以前沿科技为基础，在人工智能和大数据的主要驱动下，满足消费者的个性化需求，提升企业的销售额。

相比于商业银行传统的营销模式，智能营销具有如下特征：一是低成本，可降低营销费效比，节约大量的人力成本与推广成本；二是高效率，通过大数据用户画像精准匹配，可大幅提高营销成功率；三是个性化，按客户的特殊要求量体裁衣，进行个性化的产品开发；四是适应性灵活，可快速迭代、调优，以适应市场需求（见图3－5）。

个性化

量身定做，互动创新

体验好

内容制胜，过程流畅

速度快

市场反应快、迭代升级快

智能营销

洞见

整合所有数据
人工智能驱动洞见

规模

大规模的数据活化
形成关键推动力

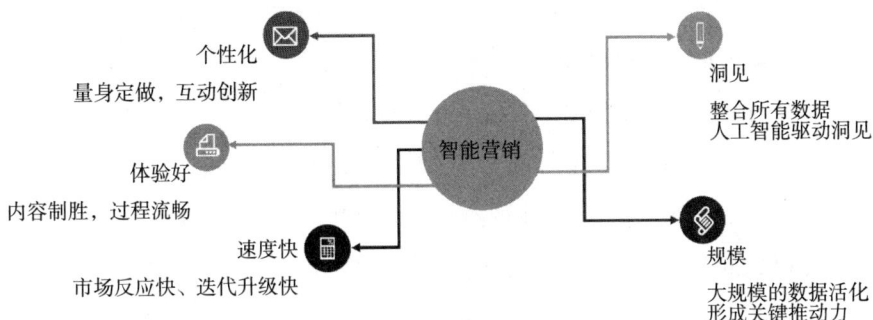

图 3 - 5　智能营销主要特点

智能营销的核心思想包含以下几点：一是对目标客户的准确识别，二是运用先进的技术手段，三是提供精准的产品和服务，三点环环相扣。智能营销的本质在于数据驱动。从数据得到了解，从了解得出决策，从决策直通应用，从应用直达营销目的。依排列科技的经验，一个完整的智能营销方案，通常包括数据加工层、数据业务层、数据应用层，并形成一个持续调优的营销生态系统。

（2）市场空间

智能营销的产业链分为需求端、服务商、媒介、受众几个环节，其中最为关键的就是最下游受众的数量，它决定着整个产业的上限。中国上网人群基数庞大。根据《中国互联网发展报告（2019）》，截至2018年末，我国网民规模达到 8.29 亿人，全年新增网民 5 663 万人，互联网普及率达59.6%，较 2017 年末提升 3.8 个百分点，超过全球平均水平 2.6 个百分点；我国手机网民规模达 8.17 亿人，较 2017 年末增加手机网民 6 433 万人，其中，网民中使用手机上网的比例由 2017 年末的 97.5% 提升至 2018年末的 98.6%；未来我国网民数量保持稳步增长的态势。近年来，我国智能营销行业发展迅猛，2018 年智能营销市场收入规模突破 5 000 亿元，同比增长 32%。未来随着互联网规模的持续扩大，预计 2020 年有望保持30% 的增速，市场规模将达 6 500 亿元。

（3）应用实践

作为传统营销的新升级，智能营销的出现提升了现代商业银行的营销精准度和营销转换率。在智能营销赛道上，商业银行纷纷推行数字化战略，以数字化重点项目为抓手推进营销环节的数字化转型，实现增长动力转换（见表3-2）。以浦发银行为例，在智能营销建设轨道上，该行打造了无界开放银行（API Bank），通过人工智能技术与大数据分析，形成跨界融合、开放共享、共建共赢的生态圈。在智能营销体系赋能下，截至2019年6月末，浦发银行零售业务实现个人存款8 181.93亿元，较上年末增加1 866.54亿元；零售贷款规模达到1.59万亿元，零售贷款新增1 185.36亿元，占贷款增量的7成；零售贷款利息收入达483.10亿元，同比增加72.14亿元。

表3-2　国内部分商业银行智能营销应用实践

银行	应用描述
工商银行	工商银行针对线上渠道获客、个性化产品在线推荐、最爱服务智能导航等服务场景，围绕融e行、融e联、融e购、工银e支付、工银e缴费、工银e生活、网络融资等互联网金融重点产品平台，运用机器学习方法、图数据库关联关系分析等人工智能适用技术，拓宽互联网营销服务渠道，激发用户潜在需求，降低营销人力成本，提升智能营销水平
农业银行	农业银行互联网智能营销中心在业内首家推出了智能营销模板，运用二维码签到、O2O抽奖、线上中奖/线下核销等近30款互联网互动营销玩法，借助营销与场景的深度融合，有效提升了掌银客户的活跃度和使用黏性。"小豆"是农业银行构建基于区块链技术的掌银客户数字积分体系，以各类权益激励客户更多地体验掌银重点功能和服务
民生银行	民生银行运用人工智能和大数据技术，对客户的各项数据标签进行分析，生成客户画像，形成千人千面的智能化营销体系；民生银行在客户选择上，按照客户价值搭建差异化营销管理体系，实施分层分类营销，实现科学实施流程；针对长尾客户，民生银行还开展智能、敏捷获客，以提升线上获客数量和客户服务体验
招商银行	招商银行致力于个性化推荐、精准识别以及电子渠道建设；2018年，招商银行通过对零售客户生成1 726个客户画像标签，初步开始了千人千面的个性化推荐；在电子渠道建设推广上，招商银行以招商银行App和掌上生活App两大平台为载体，辅以微信公众号，作为品牌营销及产品功能宣传的重要阵地，拓展获客边界；在营销方式上，通过与热点融合，探索头条信息，不断提升在各年龄层客户群体中的品牌影响力

银行	应用描述
中信银行	中信银行通过客户画像、营销模型以及人工智能金融服务平台——中信大脑,为客户提供千人千面的精准营销服务;中信银行整合了多元渠道营销资源,打造聚合营销平台,有效地提升了零售业务、信用卡业务的交叉营销能力,根据不同客群标签,结合人工智能和机器学习技术,实施差异化、智能化以及场景化应用下的精准营销和产品推荐;中信大脑的人工智能外呼模块营销成功率是传统外呼的16倍,合规人工智能黑名单匹配度准确率大幅领先国外主流产品

资料来源:根据网络公开资料整理。

3. 提供智能投资顾问服务

(1) 内涵及特征

智能投资顾问是指根据投资者不同的理财需求,具有人工智能的计算机程序系统通过算法和产品搭建数据模型,完成传统上由人工提供的理财顾问服务(见图 3-6)。在投资理财的过程中,能体现智能的环节有三个:一是投前。运用智能技术提供自动化投资风险倾向分析,导入场景化需求,提供投资人理财目标分析等。二是投中。实现自动化分仓交易,提供交易路径的最大效率或最小成本算法,以及比对市场动态所衍生的交易策

图 3-6 智能投资顾问服务模式

略等。三是投后。提供自动化账户净值跟进、自动调仓提示、智能客服、其他可预先设定场景的服务规划等。

与传统投资顾问相比，智能投资顾问有着费用低、门槛低、效率高的特征（见图3-7），可以让大众客户获得专业化、个性化的高效金融投资顾问服务。同时，智能投资顾问的投资信息相对透明，分散了投资风险，由机器人严格执行事先设定好的策略，能避免投资人情绪化的影响等。

传统投资顾问　　　　　　　　　智能投资顾问

仅针对高净值人群	服务人群	覆盖高、中、低净值的多数人群，但以中产、大众投资者为主要目标客户
高，国内外平均在100万美元以上	投资门槛	极低，甚至可实现零门槛
一对一人工服务	服务模式	有限或无人工服务，纯线上服务
全方位、个性化的财富管理	服务内容	智能资产配置及自动多样化投资
涵盖大部分资产类别	资产配置	以ETF、基金为主的多资产类别投资
公司及投资顾问经验和理论水平	投资依据	在传统投资理论基础上，借助新兴技术构建投资组合模型
高，平均费率在1%~3%	管理费率	低，平均费率在0.25%~0.5%
会存在一定延迟性，无法实现全程监控	时效性	高，24小时/7天监控市场变化并及时响应
存在道德风险，易受主观情绪影响	风险控制	严格遵守现代投资组合理论，分散投资，基于模型控制风险
依据个人投资顾问水平而定	投资结果	基于MPT，赚取β收益
流程烦琐，所需时间较多	用户体验	流程简单清晰以实现快速投资建议及交易执行

图3-7　智能投资顾问与传统投资顾问的区别

（资料来源：埃森哲．智能投顾在中国［R］．2018）

智能投资顾问的快速发展依托于近几年新兴技术的迅速普及和应用。一是互联网和手机终端平台。客户能够便捷地通过电脑和手机查看相关信息，进行开户、投资、支付等操作。二是智能数据分析。利用网络收集的结构化和非结构化的大数据信息，更加精准地发现客户需求，定位客户特征，从而实现更精准有效的客户服务。三是程序化交易。用于管理金融产品从开发到再平衡，实现海量客户资产仅由少数人工团队管理，提供批量性、定制化服务方案。四是公开的应用程序编程接口（APIs）。提供实时客户数据及交易数据支持，分秒间实现客户注册及其银行资金的划拨。

（2）市场空间

中国人均 GDP 已突破 10 000 美元，中产阶层的数量逐步壮大，居民家庭可支配收入日益增多，中国的财富管理市场成为一片蓝海。随着 80后、90 后进入职场，他们对互联网财富管理的方式认同度高，对智能投资顾问的接受度较高。与此同时，互联网金融创新企业、传统金融机构都逐步加大对智能投资顾问的布局和投入。中国智能投资顾问与发达国家相比起步较晚，发展仍相对落后，市场发展空间巨大。2018 年，中国智能投资顾问的市场规模超过 600 亿元，未来几年还会持续高速增长（见图 3 - 8）。

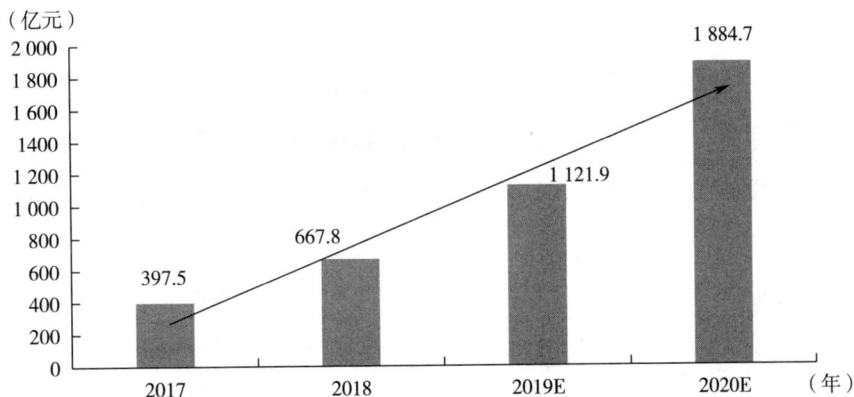

图 3 - 8　中国智能投资顾问业务规模

（资料来源：中国产业信息，零壹智库）

宏观来看，中国个人可投资金融资产规模自 2013 年起保持逐步上升的趋势，在 2018 年达到 147 万亿元，潜在市场规模巨大（见图 3 - 9）。

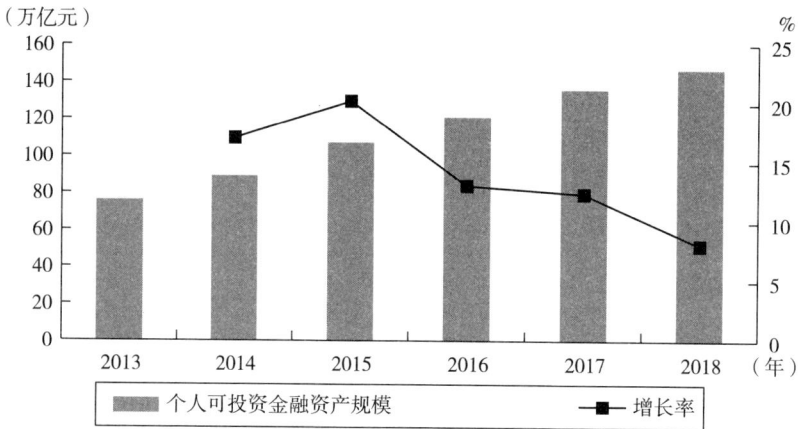

图 3-9 2013—2018 年中国个人可投资金融资产规模

（资料来源：零壹智库）

（3）应用实践

目前，智能投资顾问是人工智能在金融领域应用落地的第一站，也是在金融行业应用最为深入的领域。智能投资顾问的核心功能包括客户档案创建、资产配置、投资组合选择、投资损失避税和投资组合分析等。利用大数据分析和人工智能技术，智能投资顾问软件可以在大数据的基础上对客户行为数据进行智能分析，从而能够精准描绘客户画像，并为其匹配合适的投资产品。

国外的智能投资顾问已经能够基本实现上述核心功能，并在此基础上不断创新产品和优化服务流程。而中国从事智能投资顾问的企业大部分都只是以"智能投资顾问"为噱头，并未真正实现智能投资顾问的核心功能，并且基本都在模仿国外龙头企业的产品形式和服务流程。

作为智能化理财平台的典型代表，Wealthfront 的核心业务是借助于计算机模型和技术，根据调查问卷为客户提供个性化配置建议和智能化投资服务。与中国智能投资顾问相比，Wealthfront 在投资策略和税务管理优化等方面具有优势，且能够不断创新产品和服务来实现差异化资产配置（见表 3-3）。

表 3 – 3　国外智能投资顾问举例（以 **Wealthfront** 为例）

项目	基本信息
成立时间	2011 年
融资轮次	D 轮
融资时间	2014 年 10 月 27 日
融资金额	6 400 万美元
投资方	Spark Capital 等
核心模式	全自动化的方式： 在线问卷测评，收集客户对风险和收益的偏好信息；基于算法推荐投资组合，投资组合包括两大类，即需要纳税的投资组合和退休金投资组合；客户资金转入，即第三方客户资金转入第三方券商，代理客户向券商发出交易指令；实时跟踪，根据客户需求变化更新投资组合，采用阈值法定时调仓
主要产品	需要纳税的投资组合（适用于个人账户、联合账户、信托账户）、退休金投资组合［适用于传统 IRAs 账户、401（K）Rollovers 账户等］、其他服务（税收损失收割、税收优化直接指数化、单只股票分散投资服务）
投资标的	各类指数基金 ETF，涵盖的资产类别包括美股、海外股票、新兴市场股票、美国国债、新兴市场债券、美国通胀指数化债券、自然资源、房产、公司债券、市政债券等
成本费用	资产低于 10 000 美元：不收咨询费； 资产高于 10 000 美元：每年收取 0.25% 的咨询费； 每邀请一位用户，邀请人将获得 5 000 美元投资额的咨询费减免

资料来源：根据网络公开资料整理。

当前，我国商业银行的智能金融平台已经推出智能投资顾问服务，提升客户体验，增强客户黏性（见表 3 – 4）。

表 3 – 4　国内部分商业银行智能投资顾问应用实践

银行	产品	应用描述
工商银行	AI 投	AI 投的起购金额为 10 000 元。客户只需选定能承受的投资风险等级及投资期限，AI 投就可以通过智能投资模型，分析股市、债市等各类市场形势，为客户量身推荐基金投资组合方案；此外，当基金组合不符合市场投资形势时，AI 投将重新计算并建议客户调整组合

续表

银行	产品	应用描述
建设银行	龙智投	龙智投会根据客户的风险承受水平、投资期限偏好、收益目标及风格偏好等，运用智能算法及投资组合优化等理论模型，为客户提供智能化和自动化的产品组合投资策略，后续根据市场变化提供调整、绩效展示等服务；目前，龙智投提供的产品组合策略为公募基金组合策略
中国银行	中银慧投	除了通过机器学习不断自我完善智能算法模型，中银慧投还整合了庞大的投资顾问专家团队，以人工干预动态修正系统可能的偏差；同时，中银慧投打通了线上和线下两个服务入口，针对客户需求给出进一步个性化的资产配置和优化方案
民生银行	智能投资顾问	民生银行智能投资顾问基于客户特征分析、风险承受力和资产管理需求的大数据分析和基于机器学习的投资组合智能筛选，为客户提供长期稳健的资产投资组合、便捷的一键交易通道、专业的闭环服务体系
招商银行	摩羯智投	摩羯智投基于 5.4 万亿个财富管理数据，每天进行 107 万次投资训练，相当于一个公募基金经理 49 年的投资决策数量，而且 24 小时运作；在具体操作时，其会根据客户的流动性目标和风险承受度，通过蒙特卡罗有效前沿模型、行为动量基金分析决策树、多象限风险预警矩阵等模型体系，构建出符合各类客户不同要求的公募基金组合
中信银行	信智投	信智投基于对 200 多万名客户多维度数据的分析，构建了智能化风险评估模型，凡是中信银行的老客户，系统将自动地、智能化地进行客户画像分析，精准勾勒客户的五维风险承受能力，新客户可以通过专门的测评问卷进行风险评估，信智投会基于客户的风险评估结果智能化匹配目标风险和模拟收益情况，从而推荐最适合的产品组合
浦发银行	极客智投 3.0	极客智投 3.0 是浦发银行针对现代投资理财环境，运用大数据及人工智能技术，推出的智能投资顾问应用，该应用能够为客户提供全球大类资产配置的投资理财建议，以及实时监控市场变化动态并提出持有或调仓建议

资料来源：根据网络公开资料整理。

4. 提供智能客服服务

（1）内涵及特征

以往的传统客服坐席以人工客服为主，商业银行存在成本支出较高和客户咨询完成效率不高等问题。智能客服基于自然语音识别，加上以人工智能驱动的机器学习技术，能够不断地积累问答知识，丰富自身的语言体系，从而更好地为客户服务。埃森哲的《全球消费者消费渠道与市场调研》显示，在金融行业有七成的消费者愿意选择人工智能客服为他们的消费决策提供建议。

智能客服的核心技术主要由语音识别、自然语言处理、语音合成组成，部分还涉及计算机视觉。但中文的语义理解由于汉语自身的复杂性（诸如分词、歧义、缺乏形态变化、结构松散等），技术难度较大。对此，目前比较创新的做法是以传统的 NLP 技术打底，加上语言学结构，结合新的机器学习、深度学习及金融知识图谱的方法，把整个语义理解抽象化后作降维。

（2）市场空间

2018 年，智能客服业务规模达到 27.2 亿元。根据艾瑞的数据，预计智能客服的业务规模到 2022 年将突破 160 亿元，复合增长率高达 56%（见图 3－10）。在智能客服业务规模快速扩张的背景下，商业银行在智能

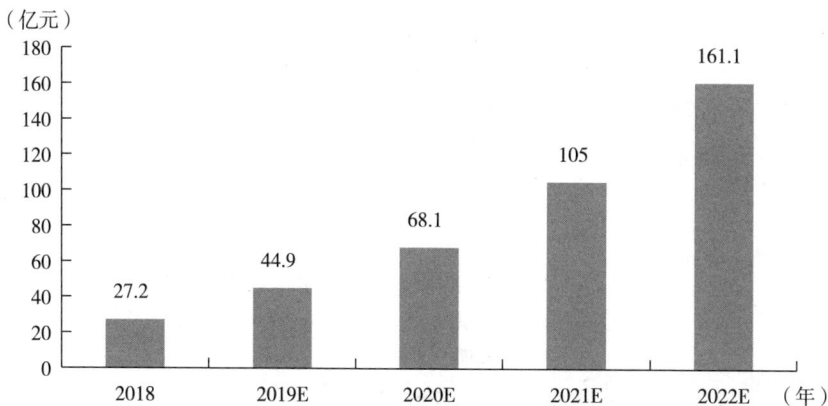

（亿元）

图 3－10　我国智能客服业务规模

（资料来源：艾瑞网，零壹智库）

客服赛道上的布局就尤为重要了。提前布局智能客服应用，商业银行能够享受智能客服业务高速发展带来的规模经济效益。

（3）应用实践

近年来，受互联网金融的竞争影响，银行业的收入和净利润增长放缓，面临着较大的挑战。各大银行面对新的竞争形势，纷纷布局人工智能应用领域，以改善服务质量，降低运营成本。目前五大国有商业银行和12家股份制银行已全部上线智能客服，涵盖手机银行、网上银行、门户网站、微信公众号和电话银行等渠道，向消费者提供业务咨询、信息查询、业务办理等服务，以满足消费者简单咨询或查询问题的需求（见表3-5）。例如，招商银行智能微信服务平台上95%的信用卡业务为小i机器人自动回复处理，问题解决率达98%。广发银行推出了App智能客服，中信银行与腾讯云共同推出了智能语音服务产品，工商银行推出了App智能客服"工小智"等。智能客服已成为商业银行的服务标准配置。

表3-5 国内部分商业银行智能客服应用实践

银行	智能客服产品	应用描述
工商银行	工小智	工商银行推出智能客服工小智，成为工商银行提供对外服务、加强客户联系的又一重要渠道；无论客户想查询网点信息还是咨询银行业务，只要通过微信公众号"中国工商银行电子银行"、融e联、融e行等App找到工小智，提出问题，即可秒速获取答案
农业银行	灵云智能客服	灵云智能客服使用了灵云语义理解技术，支持文字应答、图文消息回复、上下文语义分析、同音字纠错、相关问题联想、关联问题推荐、H5网页展现等全面功能，能快速准确地回答客户的业务种类、开户流程、账单明细、信贷还款等业务的咨询和办理问题，为客户提供方便快捷的全天候智能客户服务

银行	智能客服产品	应用描述
民生银行	人工智能客服机器人	人工智能客服机器人运用 LSTM 算法，并且集成了 NLP 平台和银行多年的客户历史问答数据，通过算法模型训练，建立多种数据模型，在人机交互的各个环节中，对客户提出问题的意图、语义、情感等方面进行识别，应答准确率达98%，使转人工处理的服务数量降低10%
北京银行	小京	北京银行智能客服为客户提供全天候的在线智能交互服务，实时响应客户需求，自动进行语言理解，解答客户提出的问题；机器人管家小京主要负责北京银行微信渠道的客户服务工作，为客户提供理财产品的查询和购买服务等
江苏银行	苏苏	苏苏可快速应答客户提问，采用全自然真人语音交流，能够模拟人工金牌客服，在瞬间实现批量拨打，语音识别率可达90%以上，在外呼结束后，苏苏还能够通过智能化的数据统计分析模块对事件进行评估，通过后续优化，不断提升服务效率

资料来源：根据网络公开资料整理。

5. 实现智能风控

（1）内涵及特征

银行是高负债运营的实体，风险控制是最核心的板块。面对智能银行对新兴技术的大量运用，风险控制的理念和手段已是日新月异。

相较于商业银行传统的风控模式，智能风控具有以下特征。

一是决策方式从"单向型决策"过渡到"复合型决策"。传统银行风控模式主要是分析客户收入状况、财产状况和征信记录，以此为依据判断客户的信用状况和还款能力，然后进行授信放贷。银行依据客户静态的历史数据来推测未来的还款能力。而智能风控是基于客户的行为特征判断，收集客户各方面的信息，纳入大数据智能风控系统，进行相关性分析，利用合规客户的模型判断信用等级。这种模式突破了传统的授信方式，更为看重客户的行为数据。

二是决策模型从"经验决策"过渡到"模型决策"。传统银行在信贷审批过程中，无论是尽职调查，还是审核判断，都是对提交的各种材料进行人工研究、分析、判断，不仅审批时间长，而且非常依赖个人的经验，不同人得出的信用判断可能存在较大差异，这本身就是风险。而智能风控则是利用 GBDT、随机森林等机器学习模型进行智能决策。

（2）市场空间

金融风控已成为人工智能应用最好的场景之一。据推算，2021—2023年智能风控的市场规模将高达 6 500 亿元，每年约有 300 亿元至 400 亿元的增长规模，年复合增长速度超过 20%。

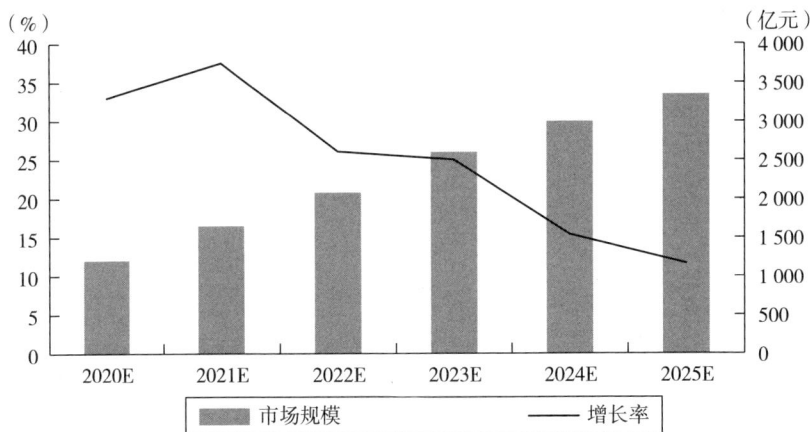

图 3 - 11　智能风控市场规模

（资料来源：同盾科技）

（3）应用实践

近几年，商业银行逐步探索利用智能风控推进业务发展（见表 3 - 6）。例如，光大银行充分发挥大数据及人工智能技术优势，融合政府、场景、第三方征信等各类数据，实现了电商、社交、出行、教育、医疗等多类消费场景的金融化和互联网化，先后在欺诈检测、风险评估、客户画像、预警催收等多个风控环节进行智能风控产品创新，并实现成果转化。

表 3 - 6　国内部分商业银行智能风控应用实践

银行	智能风控产品	应用描述
工商银行	工银智能卫士	工银智能卫士集成了账户安全检测、账户安全锁、交易限额个性化定制、快捷支付安全管理、纯磁条卡消费交易核实、大额交易核实、短信支付、自助渠道余额查询提醒八项客户端产品，客户可以自助使用，个性化定制各种安全服务功能
建设银行	"新一代"系统	在"新一代"系统中建立全行统一的风险防控策略，实现信用卡、借记卡、电子渠道等欺诈风险的协同防控；建立策略实验室，研发和部署反欺诈模型，完善风控措施；同时，通过事前预防与事中、事后监控相结合，全面加强风险防控
民生银行	指南针、天眼	基于大数据、生物识别和人工智能技术，民生银行推出了指南针预警管理系统、天眼预警系统两大智能化风控系统，能够实现自动化客户管理、评级授信、放款等功能
浦发银行	知识图谱 1.0、天眼	知识图谱 1.0 基于企业级反欺诈系统，覆盖线上线下全流程交易，完成了交易反欺诈风控由以专家规则为主向以模型自学习为主的升级；天眼则是浦发银行依托大数据信息和人工智能技术打造的风险监测系统，实现了动态刻画客户、业务、押品等的立体风险视图和风险收益视图，补充了浦发银行的全面风险管理体系；通过智能风控体系赋能，2019 年 9 月末浦发银行不良率为 1.76%，较年初下降 0.16 个百分点
北京银行	智能风控系统	北京银行以大数据和人工智能为底层架构和核心技术，建立客户的全景视图，为后续开展各项信贷、评审和业务风控提供决策依据；在算法上，智能风控体系依靠机器学习算法模型，通过隐马尔科夫模型，从静态特征和动态特征两方面建立风险评估体系，对客户的每一笔交易进行欺诈风险评估；在风控作业方面，主要有身份欺诈防控、交易欺诈防控、信用欺诈防控和风险预警等场景应用

资料来源：根据网络公开资料整理。

（三）智能银行的发展方向：提升服务、降低成本、调整结构和开放生态

1. 提升金融业服务水平

由于技术和服务成本过高等原因，传统商业银行无法触及部分客户群体，存在服务缺失现象。大数据、云计算等新一代信息技术可以帮助银行获取包括社交数据、交易记录及个人情况的客户信息，塑造了数字化客户形象，使之前缺乏信贷历史的客户也有机会获得金融服务。智能银行是银行业发展的必然趋势。金融自助设备行业也进入加速"洗牌"阶段，未来那些具备先进经营理念、先发经验以及强自主研发能力的机构将会主导市场。

2. 提升交易的安全便捷性，降低客户成本

新技术往往能够大幅提升效率并降低成本和费用，有效解决信用融资中"信息不对称、风险管理难"的困局。鉴于风险是金融的核心，商业银行需不断提升风险管控能力，打造基于大数据技术的智能风控系统，在确保交易安全、信息安全的前提下提供便捷化的金融服务，升级客户体验。此外，智能银行业务流程再造及技术更新均有利于提升交易的安全便捷性，降低客户成本。

3. 技术驱动调整客户结构

客户结构不仅决定银行业务经营的效益与发展质量，而且决定银行未来的核心竞争力与可持续发展力。一方面，运用大数据和人工智能技术，构建360度全视角客户画像信息，帮助银行了解、洞察、掌握客户，匹配合适的产品和服务给客户，让具有较大潜力空间的客户价值得到充分挖掘和释放，从而优化客户的价值贡献结构。另一方面，商业银行可以主动洞察原有客户结构及产品服务的短板，及时采取措施进行客群结构调整。例如，某行通过智能技术分析发现，其信用卡客户年轻人比例偏低主要是由

于其产品和营销价值主张和年轻人群体匹配度低，进而调整相关策略收到较好效果。

4. 技术促进商业生态开放

未来的商业银行就是一个信息中心，其服务的对象不仅仅是可以给商业银行带来回报的客户，还有可以给银行、客户及各社会主体带来增值服务的所有主体，因此，商业银行要充分利用其资金融通中心的特殊地位，通过大数据及智能技术运用，打造集约、智能、高效的通道，从而围绕银行形成更加良好开放的商业生态。这不仅可提升商业银行的自身价值，更能提升社会经济各要素的价值，推动社会经济秩序的优化和效率的提升。

三、开放银行：广泛地连接世界

（一）开放银行的本质是平台化

开放银行是平台化商业模式的代表。通过与商业生态系统中掌握客户资源的合作伙伴进行合作，共享数据、交易、算法、流程以及其他业务功能，为政府、金融机构、企业、个人等各类终端客户提供优质的金融服务。

1. 开放的内容

开放的内容划分为三个层次：第一层是技术能力的开放，以提供硬件、网络和计算能力为主要表现形式，以互联网领域的阿里云、银行领域的兴业数金云服务为典型代表；第二层是业务能力的开放，包括将Ⅱ类和Ⅲ类账户体系、网络信贷、聚合支付、网络理财等的业务能力开放；第三层是数据层面的开放，主要体现在对公共数据的收集加工、以机器学习为基础的反欺诈模型以及信用风险模型等多个方面。

2. 开放的形式

开放银行分线上和线下两种模式，以线上模式居多，包括线上 SDK、API 等。线下模式主要是指管理能力及金融产品的开放。国内开放银行的宣传和推广主要强调技术应用，无论 API 还是 SDK 都是一个技术概念，在技术的基础上通过开放的形式，使金融产品以及服务和合作方的应用程序更加切合，然后银行就能通过这些场景来获取客户资源以及相关的数据，从而向客户提供更加直接和优质的金融服务。

3. 开放的对象

目前开放银行服务的直接对象主要是同业客户和企业，而个人客户的金融服务多是通过 B2B2C 的形式来间接实现。在开放银行中，服务接受者和服务提供者这两种角色会同时存在，开放银行的服务逻辑就是使两者之间达成互利的状态。开放银行服务的企业对象主要包括三类，即供应链上下游企业、大型综合性互联网平台和行业垂直性领域平台。同业客户包括各级金融机构，2019 年末国内有 4 000 多家，绝大多数为农村商业银行、村镇银行和中小型城市商业银行等。

4. 开放银行的架构体系

整体而言，开放银行是一个层层叠加、共荣共生的生态圈。下层是持有牌照资质的银行，账户管理、支付、融资等银行的基本功能都可以被拆分成乐高积木般的组件，为上层商业生态系统提供模块化、系统化的基础金融服务。上层是千业万态的商业生态系统。位于这层的金融科技公司、电商平台、行业服务平台、供应链核心企业、开发者乃至个人创业者均可以通过开放 API 调用底层的银行服务组件，获取相应的数据，开放创新应用，在其构建的各类商业场景中为客户提供无缝衔接式的金融服务。最值得注意的是，被称为第三方开放银行平台的中间层。对于选择自建开放银行的大型银行来说，由于资金实力雄厚、技术资源充沛，完全有能力自主开发 API 以及对接上层商业生态系统，因此，中间这一层显得可有可无。

然而，对于资源能力有限但又急需对接上层商业生态的中小型银行而言，这一层却至关重要。这一层的作用是将底层散乱的金融服务组件标准化，组装成可被上层生态系统调用的服务，解决中小型银行无法自建的难题。

从国内外开放银行的应用实践来看，现有开放银行生态圈存在四种模式，即自建、合作、联盟和投资（见表3-7）。这几种模式各有利弊，因此需结合商业银行具体情况进行认真权衡，选择最佳构建模式，必要时可就此问题进行专题性研究。

表 3-7　构建开放银行的四种模式

模式	具体形式	优势	劣势
自建模式	自建开放平台，业务场景、技术支持、流量入口等都由银行或子公司自行负责	保障产品服务与业务场景的绝对融合，形成独特的竞争优势	投资风险高、投入大、周期长，需要较强的资本、技术和人才实力
投资模式	通过股权投资、兼并收购等方式，基于利益与风险共担的原则，实现与金融科技公司、互联网平台等的合作	解决内部人才不足与创新文化缺失的问题，加快推向市场的速度	权益估值、投后管理具有挑战性
合作模式	与金融科技公司等生态参与者合作，利用其开发的产品或服务，组建合作网络，购买流量/线索，合营企业或合创服务等	无须投入大量的时间和资源，执行快，风险低，灵活性强	容易丧失品牌认知力和忠诚度，需要选择靠谱、可和睦共处的伙伴
联盟模式	与其他银行、金融科技公司等组建联盟，联盟成员间进行数据交换、科技交流、客户共同维护等深度合作	可共享资金、技术、人才等，在不影响自身业务的情况下降低投入成本	难以主导平台建设方向，与本行业务重点或难融合

资料来源：民生银行研究院整理。

5. 开放银行的作用

一是突破零售渠道在时间、空间、资源上的限制，对商业环境及金融服务的方式进行改变。随着互联网的飞速发展，所有的行业都在发生着变革，力图改变自身传统经营模式从而适应市场环境的变化来谋求生存，金融服务行业亦是如此。在传统的贸易模式中客户通过实体店进行交易，但是在互联网交易模式下，客户在线就可以进行交易，给客户带来了便利。开放银行突破了商业银行在空间、时间以及资源上的限制，通过适当的成本来提供金融服务。金融服务也必将从线下网点扩展至线上，以开放的方式实现与客户的连接。

二是变革商业及盈利模式。开放银行促使传统银行和第三方合作对产品进行创新，更好地满足客户的需求，这对于促进金融业务发展意义重大。大型银行将转型为 BaaP 平台，除了向客户提供服务，还可以借助其他金融科技公司向客户提供间接服务。平台型银行借助数据共享，可以提升数据价值，在留住老客户和吸纳新客户上具有一定的优势。凭借金融牌照、金融服务品牌以及影响力的优势，转型后银行将会有多元化的收入，利润的获取既可来源于传统金融服务，也可来自平台服务。

三是业务流程标准化提升客户体验。从传统业务流程来看，每家银行的业务流程各不相同。从客户的角度来看，不管去哪家银行办理业务都需要熟悉它们的操作流程。但是在开放银行运营模式下，对业务流程进行统一规定，更加标准化，可有效提升客户的体验。

四是完善自身能力建设。进入开放模式后，银行会发现存在的不足和漏洞，还有可能暴露一些日常被忽视的问题。这将倒逼商业银行在进行自我赋能的同时完善自身能力建设。跨界合作可以弥补银行技术上的缺陷和创新能力的不足，从而使银行在金融科技领域抢占一席之地。

（二）开放银行的四种业务模式

开放银行的业务模式可简单归纳为四类：一是产品输出模式，该模式本质上属于一种新型的获客和引流模式，就是将金融产品以 API 等形式嵌入各个场景中；二是开放平台模式，即银行通过搭建对外合作平台，将银行业务植入各类商业生态系统中，对外提供标准化的金融应用 API、组件和服务；三是第三方平台接入模式，即通过接口和第三方对接；四是植入模式，即借助第三方平台或应用推广产品。

1. 产品输出模式

该模式本质上属于一种新型的获客和引流模式，即开放金融服务能力，将产品以 API 等形式嵌入各个场景中。典型的案例是浦发银行推出的无界开放银行。在个人客户方面，产品输出模式有助于简化服务流程。例如，在选择外出旅游时，客户可以在旅游 App 中完成签证、现钞兑换预约等，而无须在多个 App 中切换。在企业客户方面，将 API 嵌入企业经营管理流程，帮助企业融合商检、通关、税务等一系列信息，动态监控经营数据、物流信息，主动预警资金缺口，实现在线提交融资申请和审批，解决融资难题。在社会服务方面，产品输出模式有助于推动普惠金融的发展。例如，无界开放银行可以通过人脸识别等生物技术帮助居民完成远程身份确认；客户可直接登录社区 App 支付物业费、在社区商户消费获得优惠、预约保洁服务等。截至 2019 年 2 月末，无界开放银行已开放 257 个接口，对接中国银联、京东数科、华为、百度、科大讯飞等共计 92 家合作方应用，日交易量峰值超百万。

2. 开放平台模式

大型银行资金和技术实力雄厚，有能力自主打造开放式平台，因而大多选择自建开放 API，对接外部生态圈。如欧洲开放银行的领先者西班牙对外银行（BBVA）2013 年就开始以黑客马拉松为载体向开发者开放数据和接口；2017 年 5 月，首轮对西班牙客户开放 8 个 API 接口，其中 6 个属零售客户服务，1 个为企业信息服务，1 个为零售端多渠道数据整合服务（见表 3 - 8）。和 BBVA 相似，巴克莱、花旗、Capital One、美国运通等大型金融机构近年来也纷纷加入了开放银行的行列。

表 3-8　BBVA 开放 API 产品概览

开放对象	国家	API 类型		功能
对内	西班牙	零售客群	客户	第三方可获取 BBVA 验证的个人客户数据，包括姓名、生日、身份证号码、联系方式等
			账户	为第三方提供 BBVA 客户的账户余额和交易数据，用于商业智能分析
			银行卡	为第三方提供 BBVA 客户的银行卡交易信息，包括具体购买信息
			支付	允许个人客户在第三方应用上从 BBVA 账户转账至任何账户
			贷款	查看个人客户是否能够贷款，允许个人客户在第三方应用上从 BBVA 一键贷款
			实时通知	使第三方可以实时接收个人客户的交易信息
			支付宝	允许第三方接受经由中国支付宝的汇款
		企业客群	企业账户	允许企业客户在第三方应用上检索下载财务收支信息，使得第三方应用为企业客户提供更好的服务，增强用户黏性，协助第三方应用更好地了解客户的商业运营情况，从而推进客户细分、个性化管理
			实时通知	使第三方可以实时接收最相关的银行业务信息
		数据整合	社会经济及生活方式信息	允许第三方获取客户家庭收入等数据，并基于算法对客户未来行为作出预估，从而协助第三方精确推送符合客户需求的产品
			支付统计数据	通过 BBVA 银行卡的购物数据生成聚合的统计数据以进行商业智能分析，生成并每周更新有关消费习惯、消费者来源等方面信息的虚拟地图，可协助第三方进行选址

续表

开放对象	国家	API 类型	功能
对外	美国	客户	允许第三方向客户提供白色标签的银行服务
		账户	为第三方提供重要的账户数据，以促使其提升针对客户的财务管理能力
		银行卡	使得第三方可以整合预先授权的银行卡数据，以利于提升其电子商业潜能
		支付	允许第三方向预先授权的客户提供转账服务
	墨西哥	账户	允许第三方为客户开立数字银行账户
		汽车贷款	帮助第三方向 BBVA 申请汽车贷款
		定位	允许使用邮政编码或地理坐标搜索分支机构位置

资料来源：Citi Developer Hub，兴业数金。

3. 三方平台接入模式

受客户群体和地域限制，中小型银行融入线上、对接生态的愿望更为强烈。但自建开放银行需要雄厚的资金实力和成熟的 IT 架构，中小型银行往往心有余而力不足，故通常会采取借助外力策略，寻找第三方平台为其提供定制化的开放银行解决方案，融入商业生态圈。

在欧美国家，以德国 Solaris Bank 为代表的第三方开放银行平台近年来开始崭露头角。这家银行成立于 2015 年，本身是一家纯技术公司。凭借其敏锐的洞察力，Solaris Bank 发现了传统银行与第三方公司之间的空白，积极探索建设第三方开放银行平台，为零售商、电商、金融科技公司等提供纯粹的开放 API 服务，涉及电子货币清结算、支付等，成为践行 BaaP 模式中的佼佼者。为方便合作伙伴按需定制和自主选择，Solaris Bank 采用乐高积木式的 API 设计，已推出超过 180 个 API 端口，涉及贷款、数字银行以及支付三大类业务。

4. 植入模式

植入模式即借助第三方平台或应用推广产品，这也是目前使用最为广泛的一种模式，具体包括各家银行的微信银行、微信小程序等。截至2019年6月，微信官方公布共有8 200家服务商推出630 000个小程序，集中在零售、政务、交通垂直行业。互联网如此，银行业亦然。业界早有共识，在开放银行时代，银行需要走出传统领域，改变以往孤军作战模式，尝试在不同的场景中为客户提供服务。开放银行业态逐步呈现专业化、协作化和精细化态势。

以招商银行为例，该行 App 小程序已全面覆盖生活便民、出行、旅游、公积金、医疗、亲子教育等领域。比如，以"公积金查询""税务查询"为代表的政府公共服务类小程序，以"沃尔玛购物卡"为代表的商超类小程序，以"顺丰快递""EMS""货拉拉"为代表的物流快递类小程序，以"友宝""便利蜂"为代表的自助货柜类小程序，以"高德打车"为代表的出行类小程序，以"智慧校园""智慧医疗""智慧社区"为代表的智慧小程序等，形成丰富的多维场景，满足客户方方面面的需求。同时，招商银行还与顺丰、高德、友宝等合作机构携手投入市场资源，通过丰富多彩的权益活动，让客户享受到招商银行小程序的专属优惠。

（三）开放银行的国内外实践均处于起步探索阶段

自2016年以来，在科技赋能、监管助力的双重驱动下，欧美多家银行开始积极探索开放银行业务，比如，花旗银行、西班牙对外银行均上线开放平台，对外开放上百个 API。

从开放内容来看，基于对实施 PSD2 的需要，各家银行主要聚焦于账户信息访问和支付启动领域，其他领域如存款功能的应用也已开放。然而，各家银行发展开放银行的组织形态不尽相同。大型银行的资金实力雄厚、科技研发能力强，往往自主搭建开放银行平台；中小银行也尽可能凭借自身 IT 架构搭建开放平台，但更多的是选择接入第三方平台融入金融科技生态圈；还有专业的第三方开放平台和一些新型数字银行逐步发展成为连接金融科技公司和中小银行的中介平台。综观全球，目前开放银行尚未形成清晰、成熟的商业模式，开放内容以及组织形态均处于起步阶段。

在中国，开放银行的发展伴随竞争的加剧也开始加速（见表 3 – 9）。其中，中国银行较早开始自建平台。该行在 2012 年提出开放平台概念，并于次年正式发布"中银开放平台"，对外开放接口达 1 600 个，通过金融服务生态圈将开发者、银行、客户汇聚在一起，建立互利共赢的体系。其他股份制银行也迅速跟进，但形式各异。如浦发银行于 2018 年 7 月推出无界开放银行，属业内首例。客户通过企业的 ERP、网站、App 或微信小程序等，调用银行的 API。民营银行抢抓机遇将银行融入合作伙伴 App。如上海华瑞银行基于互联网开放平台，于 2017 年推出"极限 SDK"产品，将 API 端口嵌入合作伙伴的平台，实现了"将银行开进 1 700 万个 App 中"的创想。此外，微众银行、新网银行均通过开放平台将产品和服务封装到 SDK 中，直接集成到合作伙伴的 App 里，以满足场景闭环内的碎片化金融需求。

表 3 – 9　国内部分银行开放平台 API（SDK）产品概览

项目	中国银行	工商银行	浦发银行	平安银行	上海华瑞银行	众邦银行
平台	中银开放平台	互联网金融开放平台	API 开放平台	能力开放平台	开放平台	开放平台
主要产品/类型	资金借贷 投资理财 外汇行情 金融支付 客户风险等级 跨境金融	账户管理 资金结算 员工薪资 商户收单 网络融资 投资理财 跨境财贸 商户运营 安全认证	数据 支付 风控 增值 运营	支付 理财 信用 安全 营销	支付 电子钱包 电子卡包 极度贷 场景贷 企业经营贷	供应链融资 投资 融资 账户及支付

续表

项目	中国银行	工商银行	浦发银行	平安银行	上海华瑞银行	众邦银行
网址	http://open.boc.cn/	https://open.icbc.com.cn/icbc/apip/	https://open.spdb.com.cn/	https://open.orangebank.com.cn:567/devportal/pages/open/	https://open.hulubank.com.cn/	https://open.z-bank.com/

资料来源：民生银行研究院整理。

（四）开放银行制胜的关键

打造开放银行是一项宏大的工程，需要商业银行在获客、运营、风控、组织、科技、文化等各个方面进行相应的改造和升级。应坚持共享、协作、共建的理念建设开放银行，寻求多方合作共赢；重点从需求方即合作方场景了解和洞悉客户和行业；平衡好效率提升和信息安全问题，坚持做到严控风险、审慎开放；建立高效的项目管理机制，打造现代化敏捷性组织。

一是体制。作为典型的现代化企业，互联网企业具有更灵活的决策机制以及容错度高的企业文化。而传统银行在研发经费投入和人才储备方面本来就处于劣势地位，而且对标互联网公司扁平化的组织架构，银行经费投入、项目开发更是需要层层审批，在目前的管理机制下单单依靠科技部门很难真正打造以开放为导向的经营格局。所以，开放银行能否成功首先看商业银行在总行资源和内部制度上有多大的改革决心。

二是产品。相比互联网金融巨头们对产品的理解，银行的产品创新能力尚待提升。以 API 形式输出服务能力的前提是需要对全行产品进行标准化改造，这就要求各业务条线根据具体需求进行拼接而非各自为政。这项工作不仅事关技术层面，更涉及风险、运营等多部门。当前，各家银行都致力于打造开放银行的全新业态，将会从企业文化、组织架构、获客渠道、业务流程、风险管理等多维度进行综合提升。

　　三是合作。对于银行来说，未来跨界合作将成为一种常态。银行与银行之间，除了是竞争对手，更重要的是合作伙伴。对于中小银行而言，既要制定与自身的资源禀赋相适应的发展战略，更要以开放包容的姿态寻求战略伙伴，开展外部合作，将开放方向融入发展战略中。同时，开放过程中要保护客户隐私，确保信息安全，做到合法合规。

第四章　国内外商业银行
数字化转型应用实践

一、数字时代正在深刻改变银行业

1. 行业竞争的天平正向数字领先企业倾斜

随着数字技术应用在社会生活的扩散，数字带来的价值逐渐显现。据分析，每年人工智能和其他高级分析就能带来 9.5 万亿 ~15.4 万亿美元价值，其中，仅深度学习一项每年创造的价值就达 3.5 万亿 ~5.8 万亿美元。数字技术正深刻改变着原有的行业竞争格局。2019 年，麦肯锡公司对全球 12 个地区的 13 个行业、收入超过 10 亿美元的 1 000 家企业调研发现：认为过去 3 年（2017—2019 年）数据及分析使行业竞争发生"重要变化"和"根本变化"的受访者占比达到 34%，认为发生"适中的变化"占 36%，合计占到 70%，而认为"少许变化""无变化""不知道"的分别为 21%、7% 和 2%。数据的深度应用也在改变着竞争的本质。一半的受访者认为，过去 3 年，"新加入者开创数据分析类业务，降低传统竞争者的价值主张"，36% 的受访者认为"传统竞争者通过数据和分析改进核心业务，获得竞争优势""公司从数据中心获取新的洞见，而这些数据在传统业务中是不相关的，甚至属于不同的系统"。

2. 数字技术正在深刻改变金融服务

目前，数字技术已对全球的金融服务核心商业产生了较大影响。根据麦肯锡公司《2019 年中国银行业 CEO 冬季刊》，数据及分析技术已在过去的 3 年（2017—2019 年）中对金融服务核心商业带来了重要/根本性的变化，主要体现在三个方面：一是销售和营销环节，比如直销、线上销售理财产品等；二是研发环节，如数字技术使商业银行具有商业可持续的扶贫产品成为可能；三是供应链/分销环节，比如基于核心企业应收账款等数据对上下游中小企业贷款等。

另外，新兴的数字技术也将对金融业的未来发展产生非常大的影响。2019 年，埃森哲公司调查了全球近 800 名银行家发现：85% 的银行家认为网络人口数据将为他们提供一种识别市场机遇和未得到满足的客户需求的新方法，78% 的银行家表示 5G 将提供新的产品和服务方式。55% 的银行家认为 5G 将在三年内对该行业产生重大影响，另有 20% 的银行家认为 5G 将在四年到五年内产生重大影响。未来的 1～3 年，47% 的银行家认为人工智能对银行影响最大。19% 的银行家认为，量子计算影响最大。

3. 数字化转型相对传统银行发展的主要优势

目前来看，商业银行数字化转型可以在传统商业银行的培养数字化营销能力、重塑销售渠道和结构、提高营销效率、实现营运产业化、提升风险管理水平、打造开放银行、建立敏捷组织等方面发挥重要作用。

（1）培养数字化营销能力

数字化手段对于分析客户需求、通过营销影响客户购买决策具有非常重要的作用，数字化营销能力已经变成商业银行的一项核心基础技能。这里重点是三个方面。

一是利用数字技术全旅程优化客户体验。目前，各商业银行都在大力提升客户的体验，但客户感受不明显。如果将客户和银行的所有接触点交互视为一段旅程，在此基础上进行全旅程的数字化，效果则会十分明显。

根据有关研究，按照客户全旅程的思维进行数字化优化，可以使综合/交叉销售增长160%，将线上客户转化率提高2倍，可降低60%以上的获客成本。

二是利用数字技术可以为客户提供更为个性化且有针对性的服务。通过数据分析，可以了解客户消费偏好，提前预测各类产品的市场需求情况。同时，通过数据分析，还可以根据客户行为选择倾向，合理选择营销及产品策略，降低获客成本和业务成本。比如，可以通过模型测算销售折扣是否能够带来更大的收益，从而避免不必要的价值损失。

三是对产品组合进行评估。目前，大多数商业银行都有数千个产品，远超客户需要。有较多的银行在营销过程中发现，精简产品能够使营销更准确高效。部分银行将产品数量减半，客户却基本没有损失。通过数字化手段加强产品组合评估，既可以减少营销团队的学习成本，也可以减少IT维护和营运成本，对商业银行成本节约具有巨大作用。

（2）重塑销售渠道和结构

一是全面优化销售渠道布局。比如，通过空间分析技术、大数据对网点物理布局进行优化，使网点的布局能够和城市的经济发展、人流变化、客户资源相匹配。又如，可以根据客户群体分布、需求分布等数据，通过数字技术优化网点的服务功能布局，在多个网点之间形成集约化经营和相互协同。

二是对网点进行数字化改造，打造智慧网点，实现渠道融合。一方面，加大自动存取款机、自动柜员机等的投放，对网点进行智能化改造，实现业务办理的智能化。推动网点成为智能交易协助、复杂业务定制及服务体验区。另一方面，以网点为入口和支撑点，实现各渠道的一体化融合。线上线下各渠道为网点引流聚客，网点为各渠道提供接入和维护支撑，实现服务的一体化发展。

三是打造新型渠道，对接各产业网络平台。当前各行业的核心企业和龙头企业建立了较多的产业化平台，如物流平台、电商平台。银行可以通过系统对接，突破传统简单的一对一存贷款业务，实现一点对面、一点对链、金融服务和非金融服务相结合的综合服务。而且利用这些平台数据，可以生成新的风控手段，更新和升级传统的业务方式。

（3）提升营销效率

一是为营销队伍打造数字化分析工具。传统商业银行营销队伍的辅助营销工具较少，客户经理的风险监控工具、潜客追踪工具、客户行动规划工具、话术库、财务模拟器等数字化工具可以有效提高客户经理的营销效率。

二是打造数字化的客户界面。银行的数字化程度将影响客户对合作银行的选择。比如，调查表明，80%的财务主管都非常重视合作银行是否有移动端的现金管理平台。又如，将区块链技术用于贸易金融、跨境交易、回购协议方面，可以让客户有效减少欺诈风险，增强业务信心。

三是有针对性地调整客户营销行为。通过深入、详细的客户信息以及客户交易行为数据分析能够使银行的营销更精准，有利于获客和留客，并促进交叉销售和追加销售。比如，银行通过分析来自其终端渠道和其他银行终端渠道的信用卡交易数据，推出有针对性的优惠活动，使客户有动力在该银行合作的某个商家定期购买商品。这不仅提高了银行的佣金，增加了商家的收入，也为客户创造了更多的价值。又如，在客户营销中，简单粗暴地试图让所有客户从"不满意"变成"还可以"未必能提高营收，因为边际回报会越来越低。根据麦肯锡的研究，按揭贷款体验在4分或以下（10分为满分）的客户约10%选择其他银行的可能性是打5分及以上客户的7倍左右。显然挽留住满意度最低的易流失客户对销售提升更为有利。

（4）实现营运产业化

银行在营运、风险、法律、金融等方面有大量工作，可以使用软件机器人自动完成重复工作，实现数字化营运。比如一些银行将机器人流程自动化（RPA）用于交易风险计算方面，将所需资源减少了95%，所需时间从10天缩短为10分钟。又如，许多银行实现了自动为资本市场客户制作报告，极大节约了人工成本。据有关研究，银行工作至少有30%可以通过人工智能实现自动化。人工智能等认知技术可以更好地提高银行营运效率，比如信用卡诈骗的识别，智能语音情感分析可以帮助银行工作人员识别客户情绪，采取有针对性的措施等。

（5）提升风险管理水平

一是通数字技术转变传统的风险管理工作方式。利用数字技术，可以实现风险管控的全流程化和自动化，打造快速决策和反应的"中枢系统"。实现各业务条线、风险管理和运营部门通力协作，通过严格的管控框架加强运营风险管理，将风险监督从传统高度依赖人工的模式转变为依靠智能化系统自动进行，从手动设定风险上限转变为通过系统自动化动态设定和更新风险上限，实现从事后评估风险转变为事前识别风险，从传统被动的营运风险管控调整为精准的预防性管控。比如，可以通过合并多个来源的数据（如电子邮件/消息文本分析、键盘节奏监测、语音识别和面部识别），监测出异常行为。又如，风险管理人员可以借助行为经济学技术标记出异常行为出现的可能性，然后通过纠偏来影响这些行为。同时，这些管控流程已经"内置"于各类系统中，变成了合规性操作的一部分，极大提高了风险管理水平。据估计，由于自动化减少了人为错误，新的多渠道监控技术可以加强对员工不恰当行为的监测，运营损失和罚款的频率与数量会从目前的基准水平下降8%~10%。

二是提升风险决策质量，提升工作效率。随着常规性工作的自动化，风险管理人员会将重点转向更具战略影响和更高价值的决策上。他们可以运用高级分析能力，帮助其他部门更快速地进行科学的战略决策。另外，风险管理人员也能够从日常性重复工作中解脱出来，进行更多的分析工作，帮助银行优化决策和产品服务。例如，风险管理人员可以在新产品上市前，评估新产品在多种情境下的资本效率。又如，风险管理人员可以设计算法，为一线人员提供基于风险的具体信息，帮助一线人员更好地了解客户购买某一类产品的偏好性。据预测，随着分析模型更为准确地预测信用违约，数字技术可以使信用损失在目前的基准水平上降低5% ～10%。同时，由于资本配置效率更高，数据质量、分析能力都有所提升，因此数字化转型可以使风险加权资产（RWA）下降，资本持有成本将从目前的基准水平降低4% ～8%。

三是更好地满足监管要求。一方面，2008年国际金融危机后，全球监管更加趋于严格，风险监管成本增加了50%以上，预计未来将继续上升。监管的加强也给银行带来了较大的成本压力。银行只有通过数字化确保流程合规。同时，只有彻底实现数字化，才能建立一个有效的控制框架，及时监控相关行为，以及将监管成本控制在可接受的范围内。另一方面，一些监管规定对商业银行数字化方面的要求越来越高。如欧盟的《一般数据保护条例》、欧盟支付服务修订法案、中国银保监会的《银行业金融机构数据治理指引》、中国人民银行的《金融科技（FinTech）发展规划（2019—2021年)》等，直接对银行的数字化提出了明确要求。

（6）打造开放银行

一是通过云技术可以很好地进行工作管理，85%的工作都可以通过云端进行，从而提高效率、降低成本。比如，将IT的运维和开发放到云端，可以大幅度缩短新应用的面市时间，降低30%以上的IT营运成本。

二是建立内部共享数字应用。比如，仅在合规领域共享数字应用就可以使银行节约40% ～50%的成本。

三是打造API和微服务。API和微服务是开放银行的核心，通过API，银行可以允许第三方应用人员使用银行整合数据或服务，有助于针对更广泛的长尾客户提供个性化、差异化服务，提高金融服务可得性，补足现有银行服务的某些短板。

（7）建立敏捷组织

研究表明，敏捷组织可将产品开发速度提高 5 倍，将决策速度提高 3 倍。传统银行"大而僵"的组织架构以"条"和"框"为原则，像齿轮一样将人员按部门和职能嵌入固定岗位，缺少灵活性。一个直接的后果是员工在处理跨部门工作时积极性不高，这种"各扫门前雪"的态度抑制了组织的创造力。敏捷组织具有既稳定又灵活的特点，其架构就像"神经网络"一样，可根据市场环境、客户需求灵活地调整组织形态，推动组织全面变革，带来更高的工作效率、更优的客户体验、更高的企业价值、更快的决策流程和更强的员工认同感。

二、国外商业银行数字化转型实践

1. 全球金融数字化发展概况

一是各国均重视金融科技发展，出台了一系列支持金融科技发展的相关政策。英国政府和金融监管部门对金融科技持支持和包容态度。英国金融行为监管局（FCA）成立了专门部门支持引导金融科技发展，推动监管科技应用，并提出了金融科技的"监管沙盒"理念。英国财政部门提出了金融科技振兴战略，给予金融科技创新企业税收优惠。美国国家经济委员会发布了《金融科技监管》白皮书，提出如何制定促进金融科技发展、提高金融科技竞争优势的政策。新加坡设立了"金融科技和创新专家组"及"金融科技署"，牵头制定金融科技产业战略，加强金融科技业务监管，并设立了 2 700 万新加坡元规模的人工智能和数据分析技术产业基金以促进相关产业发展。

二是金融科技产业呈现迅猛发展态势。2013—2017 年，全球金融科技投资增长了 5 倍。2018 年投融资额达到 1 118 亿美元，投资事件达 2 169 例，产生了蚂蚁金服 C 轮 140 亿美元融资和 WorldPay128.6 亿美元并购。根据 GP. Bullhound 的数据，2019 年第一季度至第三季度，金融科技并购超过了 3 000 亿美元。

三是美国和欧洲处于领先地位，亚洲地区紧随其后。从 2018—2020 年看，80% 以上的金融科技并购交易发生在美国和欧洲。2017—2018 年，亚洲的金融科技募集交易非常活跃，基本是全球募集交易最活跃的地区。2019 年以后，金融科技的募集交易主要发生美国，其次是欧洲和亚洲。

2. 金融数字科技企业分布特点

一是支付和信贷企业的金融科技应用最多，市场看好支付、银行技术、金融数据和分析、人事和薪资管理等方面的金融科技应用。根据亿欧智库发布的 2019 年全球金融科技创新 50 强榜单，最多的是支付企业 12 家，占比为 24%；大信贷类企业（包含借贷企业 5 家、风控企业 7 家）共计 12 家，占比为 24%；保险企业共计 9 家，占比为 18%；财富管理企业共计 8 家，占比为 16%；金融信息企业共计 6 家，占比为 12%；银行共计 3 家，占比为 6%（见图 4 - 1）。

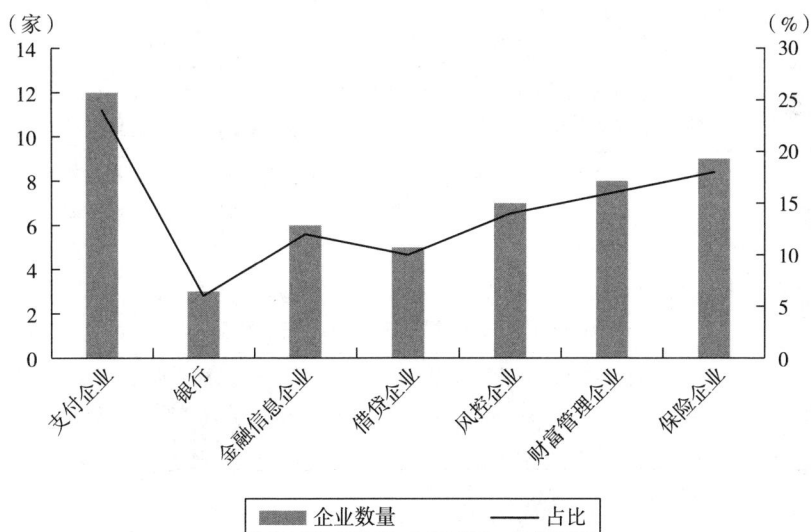

图 4 - 1　全球金融科技创新 50 强类型分布

（资料来源：根据亿欧智库榜单整理）

二是领先银行在多个金融科技领域均有所布局。由于金融业务同质化明显、同业与跨界竞争加剧,近年来传统金融机构面临较大的竞争压力。在此情况下,国外领先银行运用金融科技实现"降本增效"(见表4-1)。从全球代表性银行机构来看,大部分银行机构的IT投入占利润比均高于25%,其中瑞银IT投入占利润比高达81.2%,道富银行占比达65.3%,美国银行、花旗银行等IT投入占利润比为30%~50%。以瑞银集团为例,2015—2019年瑞银集团持续加强科技投入,2019年瑞银净利润为43.1亿美元,而IT投入为35亿美元,重点布局云技术、机器人、人工智能等领域,投资10亿美元研发SmartWealth平台。

表4-1　部分国外银行金融科技创新战略布局

公司	战略内容
摩根大通	提出"Mobile First,Digital Everything"(移动优先,数字化一切)的数字化转型战略,同时扩大技术投资,与美国金融服务创新中心联合建立实验室,建立金融科技园,引进科技人才
美国银行	先后推出"Keep the Change",创新服务、开发PRIAM人工智能交易预测系统,通过埃里卡(Erica)开发人工智能助手,提升数字银行业务体验
富国银行	提出"小型化、广泛化、社区化、智能化与线上线下一体化"的"五化"策略,积极拥抱新兴技术,是美国第一家推广苹果支付(Apply Pay)的银行
花旗银行	发布2020展望报告,将金融科技列为未来重点趋势,确定了数据分析、数据货币化、移动支付、安全认证、新兴IT和下一代金融科技服务六个对金融未来至关重要的创新领域
瑞银集团	将"创新与数字化"作为其优先发展的重要战略,研发智能投顾平台Smart-Wealth,与Broadridge合作开发财富管理平台,迎战科技创新
道富银行	确立以科技领先和全球化服务作为核心竞争力的战略目标,加大信息系统建设,启动Beacon计划,对业务链条进行全面数字化改造,发挥托管业务规模效应,建立全球托管业务体系

资料来源:根据网络资料整理。

3. 国外商业银行的数字化转型典型案例

花旗银行于2017年提出"打造数字银行"战略,经过三年的发展,花旗银行的数字渠道交易量增长了15%,移动客户总量增长了40%,利润比 2010 年增长了 49%。

摩根大通在 2012 年就开始实施"Mobile First，Digital Everything"的科技战略，力图在全方位多渠道的产品服务、隐私保护、交易护航、欺诈监测领域为客户提升价值实施数字化战略。摩根大通加大线上产品投入以后，客户净推荐指数增加了 19%，客户保留率增加了 10% 以上，客户刷卡消费增加了 118%，存款和投资份额增加了 40%。同时，摩根大通还利用数字化提高自身的营运效率，在其每天处理的 5 万亿美元的批量转账业务中，有 99% 实现了直通处理（Straight Through Processing，STP），不仅加快了交易速度，还减少了业务差错。另外，摩根大通通过无纸化报表节省了 3.65 亿美元的成本，通过数字化交易降低了 94% 的支票存款成本，通过业务电子化将很多交易的边际成本降到了零。

美国第一资本金融银行是全球银行业大数据应用的最早弄潮人之一，也是业内首批规模化使用客户数据预测风险和定制产品的公司。其在 2002 年就制定了数字驱动的战略，专门设立了首席数字官（CDO），平均每年尝试 80 000 个大数据模型。在数字化战略的推动下，其在获客、激活客户、产品组合管理以及流失客户挽留等方面取得了巨大成功，2000—2012 年，总资产规模增长了 15 倍。

汇丰银行于 2014 年开始实施客户旅程数字化，于 2015 年开始组织的完全数字化。2014—2016 年，汇丰银行的数字化渠道销售金额增加了 3/4 以上，活跃的用户占比提高了 15% 左右，超额实现了成本节约目标，节约资金 61 亿美元。

荷兰 ING Direct 银行于 2014 年实施数字化战略，在欧洲不同区域实现三种不同的数字化转型策略。实施敏捷组织改造，充分利用金融科技和开放式创新提高银行数字化能力。数字化转型后，ING Direct 银行的客户体验大幅提升，零售银行客户净推荐值（NPS）在多个国家位居第一，收入和利润分别增长了 14% 和 21%。

新加坡星展银行在 2006 年树立了"带动亚洲"的战略宗旨，扎根亚洲开展数字化转型。其于 2018 年强调银行服务简单化，为客户提供更美好的体验。星展银行数字化战略是以核心市场为中心开展生态圈建设，用数字化方式开拓新市场。星展银行数字化转型后，92% 的客户支付通过数字渠道进行，线上业务增速超过 300%。数字渠道客户创造的收入是传统渠道的 2 倍。

澳大利亚联邦银行于 2008 年提出"成为客户满意度第一的银行"的战略目标，其数字化战略的措施是对线下渠道进行数字化升级，推出数字化新产品，并通过创新工作、建立敏捷团队等方式加快创新速度，提升业务服务效率。其战略目标于 2017 年更新为"打造简单而优质的银行"，由此制定了数字化战略举措。澳大利亚联邦银行数字化转型成效非常显著：2015—2017 年数字客户增长了 25%，其中移动端客户增长了 44%，数字化销售渗透率达到了 28%，多项数字化创新产品获得了顶尖国际大奖，成为了澳大利亚银行中市净率最高的银行，约为其他澳大利亚银行均值的 2.3 倍。

三、中国商业银行数字化转型实践

1. 中国金融数字化发展概况

（1）金融数字化发展历程

我国金融数字化发展大致经历了三个时期，即 1.0（IT 电子化）阶段、2.0（互联网金融）阶段和 3.0（金融科技）阶段。2004 年以前为金融数字化 1.0 阶段，这一阶段主要是 IT 电子化。在这个阶段，主要通过传统 IT 软硬件实现办公自动化、电子化，以促进传统金融机构业务升级。此阶段 IT 技术只是作为业务基础设施，未能进入核心领域。2004—2015 年为 2.0 阶段，即互联网金融开启及发展阶段，科技从后台支持走向了前台，出现了纯线上金融业务。其中，2013—2015 年，余额宝出现，较多机构开始大规模发展互联网金融业务，涌现了 P2P、互联网理财等新兴业务。

2016 年至今为 3.0 阶段，这一阶段金融科技概念兴起并得到发展。2016—2018 年，金融科技概念进入中国，但互联网金融乱象丛生，监管部门开始整顿清理。2018 年以后，金融科技找准自己的定位，金融科技的概念也逐步清晰，金融科技与业务融合渗透加深，成为了业务发展的核心力量。

（2）数字化在助力金融高质量发展中的作用

随着新信息技术在社会生产、生活中日益广泛和深入的应用，金融科技推动的数字化对金融行业高质量发展的作用越发明显。我国相关部门先后出台一系列应用金融科技推动金融创新发展的指导性文件，并建立了相关的监管框架和制度，规范了金融科技发展的市场秩序。特别是 2019 年 8 月，中国人民银行出台了《金融科技（FinTech）发展规划（2019—2021 年)》，肯定了金融科技在提升金融服务质量和效率、优化金融发展方式、筑牢金融安全防线、增强金融核心竞争力等方面的作用，提出了金融科技发展的顶层设计以及相关发展的指导意见，对我国金融科技未来的发展提供了制度保障。

2. 中国金融数字化发展的主要特点

一是投资热度持续上升。2018 年估值在 200 亿元以上的金融科技企业占 12%，比 2017 年、2016 年提高了 3 个百分点；30 亿~200 亿元的企业占 28%，和 2017 年持平，比 2016 年提升 3 个百分点；10 亿~30 亿元的企业占 50%，比 2017 年提升了 5 个百分点，比 2016 年提升了 14 个百分点，10 亿元以下的企业占 10%，分别比 2017 年、2016 年减少了 8 个百分点和 20 个百分点。同时，金融科技企业的估值中位数从 2017 年的 73.2 亿元增加到 2018 年的 91.3 亿元，增长了约 25%。

二是产业链形态丰富，业务价值体现较为集中。我国金融科技企业技术涵盖了大数据、人工智能、云计算、区块链、物联网等各种新兴技术，服务于银行、保险、证券、基金等各类金融机构，产业链形态十分丰富。金融科技服务金融业务的领域主要集中在中小企业融资、消费金融、理财、保险、支付五个领域。金融科技在业务中的价值主要体现在精准营销里的获客和留客、风险控制、产品设计、降低成本与业务协作等方面。

三是银行作为传统金融机构金融科技投入的主力，预计未来 1～3 年其投入将继续增长。根据艾瑞研究院的估计，2018 年、2019 年我国传统金融机构金融科技的投入分别达到 528.5 亿元和 617 亿元。其中，银行机构投入分别为 419.5 亿元和 491.2 亿元，占比分别达到了 79.38% 和 79.61%，银行机构是我国金融机构金融科技投入的绝对主力。预计 2020 年、2021年、2022 年，我国银行机构的金融科技投入分别会达到 569.3 亿元、665.6 亿元和 768.7 亿元。

从银行的技术投入来看，在 2014 年以前，各银行技术投入占营业收入的 1% 左右；2019 年，头部银行技术投入占营业收入的占比为 2%～3%；预计到 2024 年，各银行技术投入占营业收入的占比基本能达 3%。

3. 中国商业银行数字化转型的主要实践

（1）全国性商业银行方面

①战略目标及建设情况

我国全国性商业银行均制定了利用金融科技推动数字化转型的相关战略，并明确了具体实施策略，具体见表 4-2。这些全国性商业银行战略措施总体呈现以下特点。

表 4-2　中国全国性商业银行金融科技战略及建设情况

银行	战略目标	具体建设情况
工商银行	科技强行，构建面向未来、生态开放、敏捷开发、智慧智能的银行	1. 全面推进智慧银行生态系统（ECOS）工程建设：整合构建覆盖"全客户、全渠道、全领域"的全新生态化业务架构完整视图，向核心业务系统与开放式生态系统"双核驱动"的 IT 架构转型，打造人工智能、生物识别、区块链、物联网等企业级金融科技平台，加速技术能力向业务价值转化 2. 实施 e-ICBC 3.0 互联网金融发展战略：政务、产业、消费互联网三端发力，加快建设开放、合作、共赢的金融服务生态圈 3. 优化科组织架构，实施科技管理转型工程：在雄安新区成立工银科技子公司，对内赋能集团智慧银行战略，对外赋能客户业务创新；在成都和西安增设软件开发中心研发分部；实施科技创新研发机制变革，试点敏捷研发、灵活快速投产等措施

银行	战略目标	具体建设情况
农业银行	推进数字化转型，再造一个线上农业银行	1. 建立完善的工作机制：总分行层面成立数字化转型推进委员会，总行层面董事长亲自任数字化转型推进的主任委员，副行长作为副主任委员，构建一套委员会统筹决策、考核激励等完整体系 2. 建立三支队伍：总分行组建一支 1 300 人的产品经理队伍，总行建立了一支 1 000 人的科技项目经理队伍，总分行层面建立了一支 450 人的数据分析师队伍 3. 启动重点项目：启动 15 个项目群，93 个重点项目 4. 服务能力提升：提升产品创新能力，体现在线上融资翻番；提升场景建设能力，打造"农银智慧＋"的场景品牌；提升服务"三农"能力，推出线上融资平台"惠农 e 贷"
中国银行	科技引领，建设数字化银行	1. 全面开展场景生态建设：整合场景，融入场景，自建场景 2. 推进关键领域的数字化转型：手机银行打造集团综合金融移动门户，发布 6.0 版本；推进交易银行、智慧网点、大数据风控等重点项目 3. 推进战略基础工程实施：全面开展技术架构战略转型，完善云计算、大数据、人工智能三大基础平台 4. 提升全球化、综合化信息科技能力：支持海外新设机构信息系统建设 5. 科技机制体制变革：调整零售部门架构，设立中银金融科技有限公司，完善普惠金融、交易银行和综合经营管理组织架构模式
建设银行	实现住房租赁、普惠金融、金融科技三大战略	1. 对内打造协同进化型智慧金融：构筑高效协同、支持创新的金融科技治理体系，搭建金融科技创新服务云平台，建设一体化协同研发平台 2. 对外拓展开放共享型智慧生态：推进住房和城乡建设部公积金数据集中平台建设和农村土地经营权流转平台建设，搭建同业金融科技产品体系，推动智慧城市政务服务项目
交通银行	打造数字化、智慧型银行	1. 实施智慧化转型工程（"新 531"工程）：在客户体验、业务拓展、架构转型、管理提升、减负增效等方面总计推进实施 32 个项目 2. 开展金融科技人才队伍"三大工程"：全面启动金融科技管培生、金融科技万人计划、存量人才赋能转型三大工程 3. 双线协同：以"金融＋数据"双轮驱动与线下渠道双线协同，长尾客户成为该行中高端客户的重要来源之一

银行	战略目标	具体建设情况
邮政储蓄银行	以数字化转型为主线,打造智慧银行	1. 组织体系变革:在总行新设立金融科技创新部和管理信息部 2. 零售业务转向新零售模式:构建"用户引流、客户深耕、价值挖掘"三位一体的"新零售"发展模式,并借助金融科技大力推进数字化转型,打造智慧型"新零售"银行 3. 线下线上融合:"线下审批、线上支用"贷款模式累计放款2 232.09亿元;纯线上贷款模式累计放款150.15亿元 4. 金融科技创新拓展:深化各类新技术的研究与应用,例如,在物联网方面,正在研究利用RFID技术实现对实物载体出入库的批量扫描、智能核对和错误示警 5. 加强金融科技队伍建设:制订两年科技队伍建设目标计划,2019年末总行信息科技队伍规模翻一番,2020年末全行信息科技队伍规模翻一番
招商银行	深入推进"迈向3.0阶段的经营模式"全方位升级	1. 推进零售金融3.0数字化转型 2. 重塑批发业务经营模式:推动传统交易银行业务向产业互联网升级,构建开放式、全场景的企业移动服务平台,搭建面向企业的统一数字化中台——招商银行开放平台,实现批发金融产品线上化 3. 以"云+API"打造开放型IT架构 4. 建立管理和组织文化3.0模式:以开放、平视、创新为方向,重塑组织形态和文化氛围
平安银行	全面推进AI Bank体系建设	1. 聚焦平台能力建设:打造了AI中台、银行私有云平台、数据中台、分布式PaaS云平台、项目可视化平台等基础平台 2. 加强数字化运营能力:打造统一的数据中台 3. 深化敏捷转型:启动全行统一的开发运维一体化和安全开发生命周期项目 4. 深化科技创新:加快金融科技与银行场景应用的融合 5. 实施重点业务项目:信用卡新核心系统、新一代金融市场核心业务系统、智慧托管、智慧风控、智慧财务等 6. 布局开放银行:对外输出金融服务能力,拓展获客渠道
兴业银行	打造"安全银行、流程银行、开放银行、智慧银行"	1. 开放银行场景拓展与生态的互联:构建"连接一切"的能力,F端"成熟一个、开放一个",推动建设第三方开放平台,G.B端福建省"金服云"建设工作取得阶段性成果,上线小微企业线上融资业务系统,C端优化织网工程"好兴动"App,再造手机银行 2. 打造"业务+数据"双轮驱动:流程银行的"客户、渠道、风险、产品、中后台"五大主题建设工作基本完成 3. 基础技术建设:推进人工智能、大数据、区块链等金融基础服务平台建设,探索5G、物联网等新技术;云原生、分布式、MASA架构全面落地,加快敏捷研发模式的复制和推广 4. 体制机构改革:设立杭州研发基地

续表

银行	战略目标	具体建设情况
浦发银行	打造一流数字生态银行	1. 推进全行数字化转型：探索实践无界开放银行专营路径，打造虚拟"数字人"服务，新成立数据驱动等三个联合创新实验室，扩容"科技合作共同体"至22家 2. 深化"智慧运营"体系建设：构建大运营支撑平台，推动运营中后台支撑由"集中"向"共享"转变，推进运营内控数字化、智能化建设
中信银行	科技立行	1. 信息科技"全面提速"：完成总行信息技术管理部、软件开发中心和数据中心内部组织架构、流程的梳理、整合和优化；总行自有科技人员突破1 000人；全面试行科技全流程提速，工作效率提升20%以上；全面升级并启动IT部落制派驻、融合、承包三大模式试点，项目交付平均周期缩短30% 2. 推进科技应用：AI金融服务平台"中信大脑"上线20个营销模型，开放银行项目接入21个合作方
光大银行	加快"敏捷、科技、生态"转型	1. 重点项目建设：先后开展普惠金融云和贸易金融云、网贷系统、手机银行5.0、新一代财富管理平台、新一代客服平台、智能盈利分析平台、云缴费等重点项目建设 2. 云缴费业务：全力打造"生活圈、经营圈、政务圈"三大场景，云缴费项目接入保持快速增长，建立中国最大的开放式缴费平台 3. 科技创新赋能业务创新：构建以敏捷和科技为主题的共享生态圈，建立科技创新实验室
民生银行	做科技金融的银行	1. 加快科技平台建设：打造新供应链金融平台 2. "数据+技术"双轮驱动：大力发展直销银行、小微线上微贷、信用卡线上获客等业务，做强科技金融 3. 加强科技、网络金融与业务协同：以分布式架构转型为动力，为战略实施和改革转型提供技术"动能"
华夏银行	科技兴行	1. 打造数字化信贷服务平台、网贷平台、现金管理平台、财富管理系统等平台项目，进行手机银行5.0项目敏捷试点、建立客户经理移动App 2. 建立和完善零售业务融合嵌入开发机制、金融科技创新激励机制、科技创新成果共享机制 3. 新技术探索：结合物联网、人工智能等前沿新技术，探索建立5G联合创新实验室

银行	战略目标	具体建设情况
浙商银行	以金融科技引领数字化转型	1. 公司业务：以打造企业流动性服务银行为重点，依托平台化服务推出系列场景化应用创新 2. 全面推进大零售战略：积极推进小微金融平台化、在线化转型；零售业务方面加快探索平台化发展路径，全力打造零售"平台化财富管家银行"

资料来源：根据网络资料整理。

一是利用金融科技重塑银行体系，推动全面数字化转型。较多银行把智能银行作为数字化战略目标，比如工商银行提出"智能银行"战略，并且已经全面推进智能银行生态系统工程建设；农业银行明确提出"推进数字化转型，再造一个线上农业银行"，并由董事长亲自任数字化转型推进的主任委员，构建一整套统筹决策、激励考核体系；中国银行提出"科技引领，建设数字化银行"战略目标，全面开展场景建设，推进关键领域的数字化转型，推进战略基础工程实施；建设银行把金融科技作为三大战略之一，对内打造协同进化型智慧金融，对外拓展开放共享型智慧生态；招商银行提出了"迈向 3.0 阶段的经营模式"的阶段性战略，实现零售金融 3.0 数字化转型，重塑批发业务经营模式等；平安银行全面推进 AI BANK 体系建设。

二是建立开放银行。商业银行实施数字化转型要建立与外部合作伙伴的广泛连接。我国较多的银行已经开始打造开放银行。比如，工商银行加快建设开放、合作、共赢的金融服务生态圈；建设银行开展共享型智慧生态建设；招商银行以"云＋API"打造开放型 IT 架构，2019 年上半年累计发布 API 130 个；兴业银行实行开放银行场景拓展与生态互联，构建"连接一切"的能力；浦发银行探索实践无界开放银行专营路径；光大银行全力打造"生活圈、经营圈、政务圈"三大场景，建立中国最大的开放式缴费平台；中信银行开放银行项目接入 21 个合作方。

三是重塑技术架构。传统的切片式技术架构不能满足数字化银行发展的需要，较多商业银行进行了技术架构重塑。比如，工商银行向核心业务系统与开放式生态系统"双核驱动"的 IT 架构转型，打造企业级的人工智能、生物识别等金融科技平台；中国银行进行技术架构战略转型，完善云计算、大数据、人工智能三大基础平台；建设银行构筑高效协同、支持创新的金融科技治理体系，搭建金融科技创新服务云平台，建设一体化协同研发平台；招商银行搭建面向企业的统一数字化中台；平安银行打造了 AI 中台、数据中台、分布式 PaaS 云平台、项目可视化平台等；兴业银行推进人工智能、大数据、区块链等金融基础服务平台建设，云原生、分布式、MASA 架构全面落地；浦发银行构建大运营支撑平台等。

四是布局线上线下一体化金融。随着工商银行 e – ICBC 3.0 互联网金融发展战略的提出，工商银行线上着力打造转账汇款、支付、投资和贷款等应用场景，创新推出快捷缴费功能；线下加快实施网点互联网金融体验区建设，形成网点和周边商户的网格化营销格局，将网点作为 O2O 生态圈的落脚点，推出"智惠 e 起行""融 e 购电商扶贫月"等系列活动。为落实全行互联网金融中长期发展规划，民生银行自主研发了 FIREFLY PaaS 移动金融研发平台，全面支撑各类 App，打造"千人千面"的个性化、定制化贴身服务，打通线上线下一体化用户体验。平安银行以零售新门店和口袋银行 App 4.0 为载体，打造线上线下一体化服务体系，为客户带来了更好的金融生活体验。

五是加强金融科技人才队伍建设。人才是各银行拼夺的重点。农业银行计划建立三支队伍：一支 1 300 人的总分行产品经理队伍，一支 1 000 人的总行科技项目经理队伍，一支 450 人的总分行数据分析师队伍。邮政储蓄银行 2019 年末总行信息科技队伍规模翻一番，2020 年末全行信息科技队伍规模翻一番。交通银行全面启动金融科技管培生、金融科技万人计划、存量人才赋能转型三大工程。

②金融科技公司建设情况。2015 年至 2016 年，股份制银行率先打响了银行金融科技子公司的探索之战，较多银行加速金融科技子公司落地。2018 年建设银行成立建信金融科技有限公司，民生银行成立民生科技有限公司。2019 年上半年，工商银行、中国银行、华夏银行及北京银行 4 家银行也纷纷成立金融科技子公司。2020 年 1 月交通银行发布"关于设立交银金融科技有限公司的公告"，交银金融科技有限公司成为第 12 家银行系金融科技子公司。

表 4 - 3　银行系金融科技子公司

金融机构	金融子公司全称	注册时间
农业银行	农银金融科技有限责任公司	2020 年 7 月
交通银行	交银金融科技有限公司	2020 年 1 月
中国银行	中银金融科技有限公司	2019 年 6 月
北京银行	北银金融科技有限责任公司	2019 年 5 月
工商银行	工银科技有限公司	2019 年 3 月
华夏银行	龙盈智达（北京）科技有限公司	2018 年 5 月
民生银行	民生科技有限公司	2018 年 4 月
建设银行	建信金融科技有限责任公司	2018 年 4 月
光大银行	光大科技有限公司	2016 年 12 月
招商银行	招银云创（深圳）信息技术有限公司	2016 年 2 月
平安集团	上海壹账通金融科技有限公司	2015 年 12 月
兴业银行	兴业数字金融服务（上海）股份有限公司	2015 年 11 月

资料来源：根据网络资料整理。

从各银行系金融科技子公司发展情况来看，金融科技公司的探索已取得一定成效。比如，平安集团旗下金融科技服务公司金融壹账通累计服务 3 700 多家机构，2019 年 1 ~ 6 月对公客户端和个人客户端的交易量达到 2 155 亿元，同比增加了 104%。

（2）中小银行方面

在传统商业银行中，当前压力最大的是以城市商业银行和农村商业银行为代表的广大中小银行，由于资本、规模、人才、科技等方面的限制，在数字化转型的过程中，和大银行相比分化比较明显。但是，近几年，中小银行已从观望状态走了出来，更加重视金融科技的布局和落地，更加深入思考如何差异化、本地化实现数字化转型，已经从"我要做"转变到"全面做"，呈现可喜局面。

①中小银行金融科技总体概况。根据中小银行互联网金融（深圳）联盟等对中小银行的金融科技战略、应用、生态、数据、组织及技术六大方面展开的调研，整体评级分为五级，被访银行的整体综合评级为三级，得分为60.1分（总分以百分制计，除生态占比10%外，其他各部分占比均为18%）。大部分中小银行金融科技的评级处在三级到四级之间。在战略方面，金融科技定位大而不精，对创新推动的含义知而不解。在应用方面，各行前台布局参差不齐，中后台布局总体较为薄弱。在生态方面，合作引流是主要手段，本地生态初步萌芽。在数据方面，数据治理在起步阶段，数据价值有待深挖。在组织方面，现行组织架构各有瑕疵，配套机制仍在酝酿。在技术方面，基础系统老化，信息化能力增强，智能化部署初现。总体来说，仍有很大的进步空间。

②数字化转型效果显著的中小银行案例

a. 杭州银行

战略：以新模式、新技术及新场景助力数字化转型，构建新时代智能金融的银行样板，铸就数字金融。

主要举措：在零售金融业务方面，重点打造零售信用贷款线上平台"公鸡贷"，采用"线上＋线下"运营模式，创新多维度客户评价机制，发展"牛大管家"和"神机营"两大线上财富管理业务平台。小微金融业务围绕数据、信用及抵押三大方向，积极探索线上线下结合的业务模式。推进信贷集中运营，支撑信贷业务线上化，完善基础集中运营平台，推动智慧网点转型。推动线上服务渠道建设，重点发展移动端，稳步推进移动支付，以手机银行以及直销银行打造优质的移动金融服务新体验。对内着力提升数据治理水平，加强数据质量的源头治理。对外与浙数文化开展数据合作，进一步提高风险抵御能力和金融服务效率。联合阿里云及 CityDO 等生态合作伙伴建立金融科技创新实验室，探索金融科技公司化运作模式，推进金融服务的多样化、个性化和精准化。

主要成效：荣获 2018 年浙江金融科技十大案例；"公鸡贷"平台上线以来，累计申请人数超过 28 万人，累计合同生效笔数超过 8 万笔，累计合同生效金额超过 197 亿元；直销银行注册用户数达 156.91 万户，资产规模达 93.65 亿元。

b. 金谷农商银行

战略：积极探索"互联网＋金融"的服务新模式，提升金融服务的普惠度。

主要举措：构建分布式新 IT 系统。基于分布式架构，采用云计算基础支撑、平台化设计理念，金谷农商银行快速建立了互联网金融业务服务平台。该平台与传统线下核心系统呈现弱耦合关联，线上、线下双引擎驱动业务快速发展，强化了线上线下的金融服务衔接，金谷农商银行成为国内农信系统首家采用分布式架构搭建互联网核心业务系统的银行。创新推出云端金融 Three Bank，具有丰富的产品体系、便捷的操作流程，打破了地域限制，突破了面对面授信、营业网点放贷的局限，实现了客户随时随地享受金融服务，大大缩短了业务的办理时间。

主要成效：截至 2018 年 10 月底，云端金融 Three Bank 较 2018 年 2 月月注册客户数增长 350%，实名开户数增长 376%，线上申请贷款笔数增长 423%，授信余额增长 18.5 倍，贷款余额增长 5 倍。

③中小银行数字化转型特色案例

众邦银行：打造开放银行，突破单一网点短板，提供一站式、场景化金融服务。作为民营银行，"一行一店"的政策使其不能以传统银行线下吸储及放贷的业务模式进行运作，所以众邦银行探索出了一条"以交易场景为依托，以线上业务为引领，以供应链为主体，以大数据风控为支撑"的特色化发展道路，并取得了不错的效果。2018年10月18日，众邦银行正式发布其"开放平台"，为民营银行中第一个开放银行。"开放平台"可将存款、贷款、结算及支付形成单独的模块，按客户需求通过模块化API插入具体场景，相当于将银行网点开在每个交易场景及电商App，与企业完全连通。根据其年报数据，众邦银行对接第三方支付公司25家，对接商户4 000余家，支付交易额达95亿元，实现中收722万元。

广西北部湾银行：开设新一代智能网点，利用智能设备全面优化客户服务体验。广西北部湾银行开设新一代智能网点，依托业务替代率高达90%的智能机具，为客户提供一站式、全方位的金融服务，全面优化客户服务体验，提升客户服务效率。利用大额高速存取款机实现大额现金存取、零钞支取、钞币自动扎把及对公取款等功能；释放线下人力资源，将柜员资源自单纯的接单及进件转至营销活动；打破了传统银行的隔窗交流，为广大客户提供了更有温度、更具效率、更加精准的服务。该银行网点开启了从"坐商型"向"行商型"、从"交易结算型"向"服务营销型"的转型之路。

紫金农商银行：依托智能风控，融入反欺诈系统，强化风险甄别力度。紫金农商银行借鉴先进同业大数据风控经验，与第三方金融科技公司合作，引进和开发先进的科学技术手段，增加第三方数据获取渠道，探索建立"科技＋风控"的大数据智能风控体系，融入第三方数据和反欺诈系统，构建新型量化分析模型，用第三方征信、通信等数据丰富风控评分模型，拓展风险研判和预测维度，强化了贷款风险甄别力度。

（3）新型银行方面

最近几年，除了传统银行，我国还出现了不依赖实体网点的新型银行，这些银行主要为客户提供在线服务。这些新型银行主要有两类：一类是传统银行建立的直销银行，比如2013年7月民生银行成立了直销部；另一类是民营银行中选择纯互联网模式运营的银行。直销银行偏向传统银行在互联网渠道的延伸，帮助传统银行实现服务模式和销售渠道的数字化转型。直销银行通常以传统银行电子银行部、互联网金融部或事业部形式存在，极少部分以法人形式存在。国内的直销银行更偏向于银行App，和理想的直销银行模式差距甚大。因此，它们可以和传统银行的数字化转型归为一类，不再详细展开。这里重点分析介绍后一类新型银行的代表，即微众银行、网商银行和新网银行。

①微众银行：坚持"ABCD"技术战略，引入"3O"开放银行体系。区别于传统银行业态，微众银行在战略规划、企业文化、人才培养、组织架构和科技创新上融入了数字化、互联网化的思维。微众银行自主搭建了可支撑海量、高并发交易的银行核心系统。结合腾讯的生态系统、微众银行自身的技术实力和研发资源，微众银行成功打造出颠覆性的信用分析系统，提出了可持续增长和盈收健康的普惠金融数字化新主张。通过融合云计算、微服务、开源技术、开源数字库、强劲的嵌入式分析和人工智能等一系列前沿科技，微众银行为其极具前瞻性的银行系统架构打下牢靠基础，成功提升了经营效率，降低了成本且加速成长。自成立以来，微众银行有效客户数已超1亿户，服务近百万家中小微企业客户。

数据显示，截至2018年末，面向个人用户的微粒贷产品笔均贷款仅8 100元。其主要贷款客户中，79%为大专及以下学历，75%为非白领从业人员，92%的贷款余额低于5万元。小微授信客户中，此前无任何企业类贷款记录的客户占65%，无任何个人经营性贷款记录的客户占36%。

②网商银行：每一笔贷款都是AI贷款。浙江网商银行是由蚂蚁金服作为大股东发起设立的中国第一家核心系统基于云计算架构的银行。它的客群主要聚集于小微企业和农户。其核心产品"网商贷"围绕阿里巴巴、淘

宝、天猫等电子商务平台，向卖家推出淘宝贷款、天猫贷款、阿里贷等产品。此外，通过支付宝的收钱码平台，推出了"多收多贷"贷款服务，创新将收钱码使用数据作为授信依据之一，为线下小微经营者提供了贷款提额的机会。网商银行充分利用 AI 技术实现了智能化发展。一方面，根据客户需求和偏好，差异化地进行渠道触达、时机选择、交互方式以及价格确定的判断。另一方面，用 100 多种预测模型、3 000 多项策略和 10 万个指标，实现了用户信用状况的智能识别，能够实现 3 分钟申请、1 秒钟放贷，全部不需要人工干预。网商银行的贷款不良率在 1.5% 以下，大幅度低于行业平均水平。在 2019 年的"双 11"，网商银行仅用 20 人完成了为 300 万户商家提供 3 000 亿元贷款的服务。

③新网银行：移动互联、普惠补位，数字普惠、开放连接。四川新网银行是四川省首家民营银行，于 2016 年 12 月开业，注册资本为 30 亿元。从成立之初起，新网银行就选择放弃银行理财、外汇等传统业务，不做"大而全"，集中精力做数字小微信贷业务。同时向广大合作伙伴提供连接服务，做金融服务领域的"万能连接器"。通过运用大数据、云计算、人工智能等科技手段，实现了全流程数字化运营。截至 2020 年 9 月底，新网银行在 88 个贫困县的授信人数已超过 52 万人，累计发放贷款超过 70 亿元。

第五章　商业银行数字化转型
面临的问题与挑战

虽然较多商业银行对数字化转型的意义有所认识，并进行了大量的投资，但效果并不明显。埃森哲公司研究显示，2017—2019 年，传统零售银行和商业银行在全球投资了 1 万亿美元，以改造其 IT 业务，但尚未实现预期的收入增长。只有 12% 的银行成为了数字领先银行，38% 的数字化转型银行还没有向市场传达出让人信服且感兴趣的战略方案，其余一半的银行在数字化改造方面没有重大进展。从中国互联网金融协会金融科技发展与研究专委会和新华社瞭望智库发布的《中国商业银行数字化转型调查研究报告》来看，参与调研的商业银行的数字化能力成熟度大部分还处于发展阶段，在总分 5 分的情况下，整体数字化能力自评分只有 3.01 分，具体见图 5 – 1。总体来看，我国商业银行在

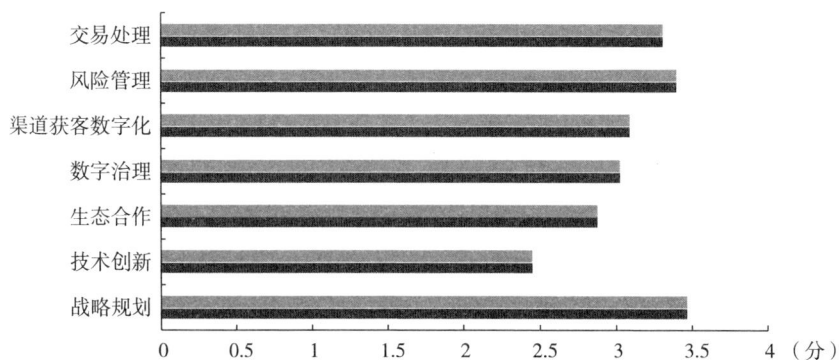

图 5 – 1　我国商业银行数字化能力自评

（资料来源：根据《中国商业银行数字化转型调查研究报告》整理）

战略认知定位、组织流程文化、基础体系建设、外部生态合作以及对数字化带来的新挑战的认识等诸多方面均存在一定的问题，还有较大的提升空间。

一、战略认知方面的问题

首先，对银行在新形势下自身业务转型战略的认识较为模糊。商业银行的数字化转型本质依然是金融，转型不仅是技术的转变，更重要的是对金融业务及商业模式转型的深刻理解。目前，较多的银行对商业模式转型认识不到位，仍处于同质化竞争阶段，其数字化转型自然难以发挥较大作用。麦肯锡公司研究中国排名前 40 家的银行发现，2018 年，中国银行业的贷款组合依然未创造价值，RAROC（Risk - adjusted Return on Capital）为 11.83%，经济利润为 -173 亿元。其中，对公贷款规模占整体规模的60%，RAROC 仅为 5.12%。在 20 个主要对公行业投放中，2018 年农林渔牧、采矿、住宿和餐饮业、商业贸易、制造、批发和零售 6 个行业的 RA-ROC 为负，而且制造、批发和零售两个行业连续 4 年排名垫底。这在一定程度上说明，传统的同质化规模增长的模式还没改变。在此情况下，数字化转型只是被动跟随，很难发挥大的作用。

另外，从国内经历了至少两个完整的会计年度的 17 家民营银行看，业绩分化也能反映类似的问题（见表 5 - 1）。微众银行背后是腾讯，网商银行背后是阿里巴巴。这两个互联网巨头强大的互联网流量转化能力是别人难以比肩的。新网银行依靠金融科技走出一条不一样的路值得称赞。但是对于其他大多数业绩平平的银行而言，多数民营银行的发起股东中一般会有 1 家科技性公司，可以看出科技发挥的作用并不特别突出，所以重要的是自己的业务战略是否适应市场。

其次，对数字化转型战略有较多的错误认识。一种错误认识是对数字技术短期带来的改变寄予过高希望。例如，有的金融机构认为只要引进足

表 5-1 2019 年 17 家民营银行业绩指标

民营银行名称	总资产（亿元）	贷款（亿元）	净利润（亿元）	不良率（%）	拨备覆盖率（%）
深圳前海微众银行	2 912.36	1 629.66	39.5	1.24	444.31
浙江网商银行	1 395.53	700.3	12.56	1.3	—
四川新网银行	441.43	1 006	11.33	0.6	525.24
上海华瑞银行	396.27	201.95	2.68	1.03	244.28
湖南三湘银行	515.8	221.94	3.19	0.6	367.29
天津金城银行	307	—	1.7	1.12	152.37
武汉众邦银行	418.77	—	1.56	0.45	—
江苏苏宁银行	639	305.06	0.76	0.88	282.95
北京中关村银行	174.67	62.7	0.5	0	0
威海蓝海银行	303.57	152.95	1.45	0.48	517.33
重庆富民银行	451.52	279.55	2.19	0.47	538.69
温州民商银行	167.86	84.87	2.15	0.03	8 653.50
辽宁振兴银行	262.25	155.27	0.75	1.15	157.16
梅州客商银行	166.64	31.4	0.58	0	—
福建华通银行	106.8	46.62	0.21	0.07	—
吉林亿联银行	313.21	202.5	1.53	1.21	210.90
安徽新安银行	103.94	41.67	0.92	1.66	—

资料来源：根据网络资料整理。

够多的先进数字技术和工具，数字转型就自然能取得成功。赛迪顾问公司调查发现，60%的受访企业期望短期能带来较大的财务改变。有的银行特别是中小银行对数字化的投入更注重短期业务提升。另外，有的银行认为传统企业要实现成功的数字化转型，就要在战略方向上下定决心，放下现有业务，全力进入互联网等新兴数字化行业，开辟全新的数字化业务领域。其实，数字化转型是有意义的迭代进化，而不是巨大的颠覆式飞跃。比如，人工智能的独立应用案例非常少，更多的是运用高级建模技术对传统分析技术进行补充。这就要求传统商业银行进行数字化转型时，立足自身业务，将数字化战略与企业愿景及业务战略进行衔接，从而通过数字化赋能企业发展。另一种错误认识是把数字化等同于信息科技，而不是把金融科技视为一个独立的体系来发展。信息科技主要是指用 IT 系统保障银行基本业务，如记账、核算及风控等，主要服务对象是流程的信息化。而数字化的重点是业务的数字化，是以人工智能、大数据、区块链等数字技术来解决用户的痛点、满足用户的需求、提升用户的体验。

最后，对数字化转型推动银行发展的战略定位和作用认识不足。较多企业把数字化的重点放在现有业务流程改进等营运方面。比如，数字化转型促进会调研发现，约有 60% 的企业认为企业数字化转型的目标是改善现有业务流程。

德勤公司调研发现，很多公司计划把 IT 营运预算的 30% 用于数字化转型计划，而仅将研发预算中的 11% 用于数字化转型计划，这实际也是一种营运改善型的思路。然而，国家工业信息安全发展研究中心和埃森哲公司发现，通过数字化转型取得超额回报的领军企业未来 1~2 年的战略重点是推进主营业务增长，并相应打造优秀的营运支撑增长，未来 5 年的重点是关注商业创新，促进新旧业务的协同。无论是短期还是长期，领军企业数字化转型的核心都是业务增长和拓展。相比之下，一般企业只是把数字化转型当成修补工具，"营运改善和优化"才是其主要目标。

另外，在评价数字转型项目价值回报的时候，和其他数字化转型企业首先关注财务回报不同的是，数字化转型领军企业更关注未来，即项目给企业带来的行业颠覆性、创新性和增长潜力。领军企业评价项目预期更看重的是"有颠覆产业价值链的可能性"和"市场份额的增加"指标。

二、组织流程文化方面的问题

1. 组织架构割裂

一是将数字化混同为信息化，由原来属于支持保障部门的信息科技部承担数字化重任。在该模式下，信息科技部难以设立技术创新带动业务创新的目标，较多聚焦在以 IT 系统保障银行基本业务正常运转，不利于数字化的长期发展。其实，数字化是指整个业务全过程实现技术和业务结合，涉及组织变革、流程改造、技术架构调整等一系列问题，是个系统工程，也是个"一把手工程"，需要自上而下地推行。

二是将银行业务数字化等同于网络金融化，或某类业务板块（如零售业务）的数字化，在组织上设立独立的网络金融业务部或在业务条线下设立二级部门。前者在名义上有较大的管理自由度与发展空间，但是由于大部分传统银行缺乏独立强大的网上获客能力，其网络金融客户和线下客户重合度非常高，常常需要线下渠道进行业务支撑，业务价值和边界难以清晰划分，容易被强势的传统业务挟裹，成为其配套服务，无法引领业务发展。后者更容易沦为旧业务条线的一个工具或补充，在某一个细分的狭缝生存，比如，App 的开发及运营。

三是建立独立的数字化团队，但游离于核心业务和条线之外。这些团队不断采用各种先进的数字技术进行尝试，但没有充分使其商业化和推广落地，即使推广也由于各种缺陷，特别是业务运用环境的苛刻，被业务实际经办人员认为不接地气而束之高阁。比如，较多的银行数据团队分析出来的各种商机在前台真实运用率不到千分之一。或者这些团队只执行一些项目，这些项目效果很难放大到整个机构。事实上，只有当技术变革改变了公司的大部分甚至全部业务时，才有可能产生重大的经济效益。然而，跨越组织边界的工作是一项长期挑战，许多公司仍在积极应对。这也是数字化实施工作成功率低的重要原因。

2. 流程机制效率较低

一是业务流程上仍体现出较强的以银行或部门为中心的特点。其主要表现在以下方面：第一，客户部门条块分割现象严重。针对同一客户，不同部门的产品和政策不统一。而且，不同的部门条线，产品同质化严重。

比如，公司金融部门有供应链产品，普惠金融条线围绕核心企业也有供应链产品，产品功能类似，就因在不同的部门、条线下，业务政策、客户办理条件、数据接口等就存在非常大的差别。第二，内部流程长，环节众多，会因某一环节卡壳，而使整个流程停滞。比如，分支行提出的项目一两年不一定有最终结果。第三，业务流程的客户综合集成度低，细节缺乏人性化考虑，忽视客户体验感受，服务质量和效率低下。比如，据有关研究，我国手机用户常用的 App 也就 10 个左右，但是有的银行一家就有 10 多个，根本不考虑用户的实际感受。

二是内部业务运行机制存在较多缺陷。首先，受以往只注重推销结果的考核模式影响。比如，埋单制考核模式在客户需求简单时效果较为明显，特别是在我国经济高速增长时期，直接有力地驱动员工去拼抢市场，有利于银行快速扩大业务规模。但是这种模式的长期持续直接导致了相关人员不愿或不习惯用数据去深刻分析洞察客户需求的变化，不利于数字化转型的深入。不少商业银行通过加大绩效考核力度，设计种类齐全的销售指标，但指标维度偏重结果指标，过程指标体现不足。由于缺少过程指标和有效跟踪，在端到端的营销流程中，各级管理层仅能对销售漏斗两端进行管理，过程的关键节点存在销售管理盲点。其次，缺乏有效机制实现各板块的深度融合。比如，线上销售和线下网点销售的业绩计量和考核使网点人员难以主动推荐客户使用线上交易方式。又如，数据条线和业务条线相对隔离，数据人员不理解当前业务状况和面临的困难，而业务条线容易局限于本条线，甚至某一些领域，无法形成有效合力，产生新的价值。

三是缺乏有效的数字闭环反馈体系。比如，很多银行的数据分析团队提出，分支行对总行下发的营销提示线索缺乏管理和反馈，因此难以优化分析模型。但实际情况是，前线发现了商机提示之类的营销线索问题，但缺少反馈到总行的途径；又或者他们尝试过反馈，但总行没有任何跟进。

这些问题都是由反馈机制缺失造成的。只有全面系统化打造数据营销的自反馈闭环体系，才能持续有效地提升业务水平。

3. 缺乏数字转型所需文化理念和环境

银行文化通常具有风险厌恶和相对保守的特点，缺乏开放、共享的基因，常常在业务上不愿意跨条线、跨部门以及跨界合作。而数字化转型需要开放的心态，部门条线要从"囤积数据"转向"共享数据"，通过不同部门、不同条线组建跨职能的敏捷团队产生新的价值。而且传统银行文化使得银行对新事物的观望心态严重，需要等待事情明朗后才愿付诸行动，难以建立有效的容错、试错机制以及创新文化氛围。数字化转型要敢于试错，善于"测试学习"，比如，鼓励员工运用数字分析技术，迅速生成"反直觉"的洞见和新想法，再加以测试。这种新的文化环境需要建立相应的机制，只有长期培养才能形成。

三、基础体系建设方面的问题

1. 技术架构体系存在较多不足

首先是核心系统方面。从国内银行信息系统建设的历程来看，各银行基本走的是集中化道路，实行统一的系统和数据大集中。在这种情况下，普遍采取的是以高可靠性集群为主的 IT 技术架构。这种集中式架构对于海量并发的客户、账户、交易处理的实时性强，一致性、稳定性和安全性高。但是，在面对业务网络化、智能化发展时，存在业务支持敏捷性不够、难以实现快速迭代、业务交易处理的弹性伸缩能力不强等问题。而且，这些系统和硬件设备对国外的"IOE"等依赖度高，软硬件的成本都很高，关键技术领域的自主可控性差。

其次是非核心系统方面。对于较多银行特别是中小银行，其大部分系统建设是烟筒式的，通过外包招标的形式，由 IT 厂商负责建设。在具体实施过程中，按照要求进行客户化定制开发。这么做的好处是非核心系统不需要花费过多的精力去开发和维护，当然缺点也是显而易见的。不同的开发团队进驻现场几乎是从零开始系统开发，导致建设标准千差万别，很多业务系统之间无法做到很好的兼容，数据也很难共享。在技术架构上普遍存在着技术平台扩展性不足、基础设施经济性不足、扩展弹性不够等问题。

2. 数据治理体系建设滞后

一是数据标准体系不健全。主要体现在以下方面：第一，缺少企业级数据模型标准化，即元数据的标准化。元数据是描述数据的数据。目前，我国商业银行的元数据管理还停留在元数据分散于日常的业务和职能管理中，并在局部使用的初级阶段。第二，主数据和参照数据标准化滞后。主数据与参照数据的标准化是企业数据标准化的核心。目前较多的商业银行由于信息系统"孤岛"式建设，系统之间数据口径、加工方法迥异，同一字段名的数据在不同条线存在天壤之别，相互间的可用性极差，主数据和参照数据标准化建设严重滞后。第三，指标数据标准建设滞后。指标数据标准是对企业业务指标所涉及的指标项的统一定义和管理。这些指标不仅需要在业务系统中统计和展现，还需要在数据分析系统中展现。由于没有指标数据标准化，很多银行在需要相应的数据时都需要从所涉及的各个系统、库表中进行分析和定义，成本巨大。

二是数据管理体系不健全。第一，数据治理的组织体系不完善。数据源头部门对数据管理参与度不够。第二，缺乏有效的数据治理流程管理。条块的管理架构让数据的管理也呈现条线分割的状况，跨领域、跨系统的数据治理沟通成本高，协调难度大。第三，缺乏统一的数据质量管理体系。数据质量是数据的生命，只有建立全过程质量管理，才能让数据发挥作用。第四，缺乏有效的数据责任追究制度。当出现数据问题，除非是重大数据问题，很少会进行后续的跟踪管理和规范治理，以及相应的责任追究，这不利于数据的长期治理。

三是数据治理工具和技术体系建设滞后。目前很多商业银行还缺乏统一的数据治理技术平台和工具来落实数据管理体系，实现数据管理自动化，提高数据管理效率，还不能从根本上消除各业务系统的"信息孤岛"，不能为数据资源中心与外部数据系统提供高效数据服务。

3. 数字人才的供给瓶颈

在数字化变革的大背景下，产生了对高层次、稀缺数字人才的旺盛需求，而劳动力市场人才短缺更是加剧了企业间对数字人才的竞争。在此背景下，仅靠引进外部数字人才远远不能满足发展需要。严峻的形势迫切需要银行自身从内部加快数字人才培养。但是在数字人才培养体系建设方面存在以下问题，制约了数字人才的成长。

一是传统人才成长速度跟不上战略迭代的需要。银行的数字化转型战略是不断迭代发展的，对数字人才的认识标准也是从模糊逐渐到清晰。当银行数字战略快速迭代逐渐清晰的时候，即是需要大量人才抢占市场的时候，由于人才标准相对滞后，而人才的培养是一个长周期过程，从规划发展到选择外部供应商、识别有潜力员工、完成所有的培训往往耗时数月甚至数年。人才培养的长周期和战略迭代的快速度之间的矛盾必然造成数字人才供给不足。

二是员工的学习效果不佳，成果转化率低。在传统人才发展模式下，员工处于被动学习状态，被动接受学习内容、学习方式、学习节奏，效果相对较差。同时，虽然员工学习过程中有轮岗等内容，但和前期的实际工作习惯和节奏有差距，难以马上应用于实践，员工难以从经验反思中快速成长。而根据有关研究，人的经验反思对学习成果的贡献度高达80%。

三是学习体验和以往有很大的不同，需要提升学习体验。随着移动工具的普及，员工的注意力很短时间内就被打断，很难集中精力学习，需要相关学习内容有意识地调整。比如，视频时间控制在4分钟以内等，这样才能提升员工的学习体验。

四是知识可获得性急剧增加，兼顾学习速度和系统性是个挑战。数字化带来了信息爆炸，人们每天都接收大量信息，没有足够的时间消化，非正式学习无处不在。知识的碎片化趋势日益严重，如何构筑更加开放、更加易得、兼顾相关知识、系统化的学习平台对人才成长至关重要，但是目前国内银行在这方面的建设还十分不足。

四、生态合作建设方面的问题

一是银行对自身生态圈战略目标不清晰。不少商业银行在尚未对生态圈打造的商业模式和目标定义清晰的情况下就盲目进行平台建设，开发出来的 API 脱离实际，没有场景和客户使用。一些银行有了好的技术平台支撑，但是新的机制建设没有跟上，仍是传统银行的产品交付模式，市场响应速度迟缓。

二是端到端营运维护生态圈客户的能力不足。一方面，对客户的构成和行为特点了解不足，提供的产品和服务千篇一律，没有针对性。另一方面，端到端运营能力不足，对关键客户掌握不够，忽视客户的体验。比如，较多银行建立了各种客户直连系统，考核只管系统是否对接，系统建成后就不理不问，不管客户实际有多少流量，也不管内部配套跟进。这种只是跑马圈地、圈完了继续让它"长草"的生态建设没有多大的价值。此外，较多银行忽视和外部科技力量的合作创新。比如，单纯将 API 当做第三方引流获客的工具，没有和第三方一起创新产品，改善服务，提升客户价值。

三是文化冲突和利益纠纷影响生态圈持续发展。内外部合作时，传统银行固有组织架构和企业文化与新的生态圈文化难免会存在较大冲突。对此，一些银行认识不足，在合作开始对参与各方利益关系没有及早厘清，没有预先对整体收益达成战略共识，确定利益分配方案，对生态建设过程中出现的利益纠纷处理不当，没有合理的退出机制，影响了生态圈的建设和发展。

四是对金融监管政策变迁趋势的掌握不足，一些合作存在不确定性。比如，不少中小银行由于缺乏线上获客能力，利用合作方的线上导流获客，但是随着监管部门对中小银行跨区展业限制的出台，中小银行与合作方的合作方式受到限制，线上获客流量锐减。

五、数字化转型面临的新挑战

一是巨额投入引发的财务风险。数字化转型的科技投入资金较多，部分银行难以负担。中小银行互联网金融（深圳）联盟 2018 年发布的《中小银行金融科技发展研究报告》显示，有 26% 的受访城商行认为无法负担金融科技的资源投入。同时，投入的周期长，产出效果见效慢，容易引发财务风险。比如，德意志银行连续多年经营业绩表现不佳，在各银行都大规模加大金融科技投入时，2018 年不得不表态要削减金融科技的投入。此外，科技研发投资本身是个失败率很高的投资，虽然数字经济创新风险概率可能会低一些，试错成本会小一些，但不是没有，肯定会大于不创新的风险概率，必然也会带来较大的财务压力。

二是新技术自身带来的风险。首先，技术本身存在一定的缺陷和漏洞，比如生物识别的数字特征伪造问题。一些对抗性实验已经证实，即使是对于当前识别准确率在 97% 的人脸识别技术，现有的算法都存在造假的可能。又如，人工智能的算法含义不可解释，难以找到其内在的业务逻辑，更难以认清其作用对象的局限。其次，新技术应用可能带来风险。比如，2019 年 7 月 29 日美国媒体报道，美国第一资本银行当天发布声明称数据库遭黑客攻击，约 1.06 亿银行卡用户及申请人信息泄露。《华尔街日报》预计，此次泄露事件可能给该银行带来 1 亿 ~1.5 亿美元的损失。而 2014 年，该银行也曾曝出类似的数据泄露事件。最后，新技术应用带来衍生风险，比如跨界风险。银行在自己不熟悉的领域，以非专业经营者的身份与专业经营者竞争，失败的概率比较大。生态圈建设中合作的第三方风险也可能传递给银行。

三是新技术应用过程可能带来的合规性风险。第一，相关规定执行不到位的风险。比如，2018 年 11 月，中国消费者协会发布的《100 款 App 个人信息收集与隐私政策测评报告》显示，在通信社交、影音播放、网上购物、交易支付、出行导航、金融理财、旅游住宿、新闻阅读、邮箱云盘和拍摄美化 10 类 App 中，金融理财类平均得分只有 28.91 分，属于 10 类中得分最低的。其中，消费者常用 App 得分 42.22 分；金融理财类中的中小企业类得分仅为 15.6 分。第二，相关信息披露不到位的风险。数字经济里，不间断的流动数据和过程数据比静态数据更有用。数字化转型后银行可能在掌握更多信息后，因为没有及时披露对交易对方有重大影响的相关信息而被监管者处罚。第三，数字技术的应用会重构许多交易的习惯与方式，也会改变客户、流程等方面的管理关系，这种改变难以在现有的法律框架范围内有效规制，从而在一定程度上存在合规性风险。比如，区块链里的智能合约能否适用《合同法》等就是例证。

四是数字金融本身具有一定的脆弱性。根据国家互联网金融风险分析技术平台数据，我国网络黑产从业人员达 150 万人，已经渗透到数字金融营销、注册、借贷、支付等各个环节，无论是第三方支付、网络保险、网络借贷、供应链金融、消费金融，还是传统金融业务都有涉及，诈骗市场规模超千亿元级（见表 5 - 2）。其中，消费金融就有盗号、盗刷、欺诈申请、转卖套现、退款套现、虚拟交易套现 6 种诈骗。国家互联网金融风险分析技术平台发现，对互联网金融网站的攻击已达 341.1 万次。这在一定程度反映了数字金融本身的易攻击和脆弱性。

表5-2 各类数字金融诈骗行为

第三方支付	网络保险	网络借贷	供应链金融	消费金融	传统金融领域
盗号	网络互助保险平台欺诈	网络借贷平台欺诈	虚报交易	盗号 盗刷 欺诈申请 转卖套现	信用卡欺诈 集资欺诈
		冒用身份			
洗钱	理赔欺诈	多头借贷 套现欺诈	虚构经营数据	退款套现 虚拟交易套现	金融凭证欺诈 保险欺诈

资料来源：根据网络资料整理。

　　数字化发展会快速将局部的风险数倍放大，从一国传导至另一国。数字化风险的快速、放大、链式反应等特点也使金融本身具有更大的脆弱性。同时，数字化的快速发展也对传统商业银行的风险管理体制和方法带来了很大的挑战。

第六章　商业银行数字化转型的重点

一、客户经营方式转变

我国已过排浪式消费阶段，个性化消费已成主流，银行的业务重心从资产端转向了负债端，银行的客户经营必须回归本源，回到以客户为中心这个初心上。具体来说，需要加强以下三个方面。

（一）洞察和聚焦客户需求

一是建立专门的客户需求洞察机制和团队。第一，要建立专门的市场研究队伍，加强社会、经济、行业、区域等趋势的研判，洞察市场客户需求先机。只有对市场、行业有深入持续的研究，才能深刻理解行业和市场的发展逻辑，占据价值链的关键点，规避其特有风险，赢得风险溢价，否则，只能随大流，自身难以创造独特价值。这方面做得好的是摩根大通银行，其不光研究自身发展，而且还为美国经济金融政策、产业发展等提供建议，现已成为美国最重要的智库之一。第二，要将银行所有的客户接触点变成客户需求信息的收集点。无论是通过线上的手机银行、公众号、网页、交互式语音等，还是通过线下的业务办理、自助设备使用，在法律许可以及获得客户授权的情况下，加强业务办理过程中的行为、声音、图像等多方位的结构和非结构化数据采集。第三，整合客户信息，建立统一视图的客户信息体系，加强客户数据多维度的挖掘分析。整合银行采集的各类客户信息，并与工商、司法、税务、舆情等外部信息结合起来，生成多维度、多属性的标签，利用各种机器学习方式形成较为精准的客户画像，根据客户画像进行相关的需求分析。比如，可以利用统计学中的决策树、回归等数学模型建模，探索各指标之间的相关性，然后再多次迭代训练提升模型精度，预测客户具有某项行为特征的概率等。另外，还可以引入知识图谱，采用应用数学、图形学等方法，对不同客户之间以及客户与实体单位之间的关系进行深度挖掘分析，构建客户关系网络，形成对客户更为全面的认识，加强风险的智能预警。

二是根据客户需求选准长期的战略定位。要根据自身的资源禀赋和市场发展趋势，明确自己的市场定位。前期由于客户需求相对简单、同质，即使各商业银行的战略定位相对雷同，在经济高速增长时也能获得不错的发展。但是经过多年的改革开放，人们的基本需求已经得到了满足，在追求品质生活、个性化服务体验时，需求日益多样化和差异化，必须重新调整战略定位。各银行都必须找到自己的优势领域，和其他同业形成差别化竞争格局。比如，区域银行就不能像大型银行那样追求"大而全"的综合化发展，要立足自己的区域优势，在细分领域里做最擅长的事情。"尺有所短，寸有所长"，德国和日本的制造业之所以强，除了龙头企业，更重要的是在各细分领域都有无数的隐形冠军，银行服务同样如此。面对丰富多样的客户市场，各银行只有根据经济社会发展趋势，找准自己的目标市场，才能形成百花争艳的局面，有效满足人们生产生活需要。此外，要明确科技战略的定位，以及实现科技和业务深度融合的路线图。比如，中小银行科技基础设施较差，技术力量薄弱，而数字化的基础投入很大，可以通过联盟抱团，借助外部金融科技公司输出等方式，其战略重点是将优势业务和战略业务数字化产生竞争优势。大型商业银行除了独立的金融科技团队支持，还要加强基础科技和核心技术的研究，为我国金融服务的长期创新以及持续领先提供源源不断的动力。

三是根据客户市场定位保持战略定力。比如，富国银行在美国整个行业盛行用套保基金和衍生品交易赚快钱、用大额高杠杆贷款等过度冒险时，坚守自己的信贷原则，即使在2004—2006年损失了2%～4%的市场份额，依然不为所动。但是，坚持也有回报，在2008年国际金融危机中，富国银行基本没有什么损失。虽然美国各大银行都在做交叉销售，但是只有富国银行遥遥领先。这其中的秘诀依然是坚持，而不是靠一时投机获利。正如富国银行原董事长约翰·斯坦普所说，"必须做1 000件正确的事，它需要花长时间的准备、巨大的投资在系统和培训上，需要正确的员工导向和认知，需要花时间去弄懂客户的财务目标，然后再向他们提供正确的产品和解决方案，满足他们的金融需求，帮助他们获得财务成功。不能寄希望于一年半载在存量客户的深度开发上取得大的进展。"

（二）重新塑造品牌形象

要改变传统品牌形象传达实力的做法，根据市场定位重塑品牌形象。比如，很多银行将吸引年轻人作为目标，而新一代年轻人是互联网和移动互联网的"土著"，稳定已不是他们选择的首要因素。他们更注重情感释放、自我表达、精神自由的追求，信任具有情感号召力的品牌。银行在保留自己品牌资产的同时，应该根据长期战略定位，重塑品牌形象，以增强品牌的情感号召力。品牌转型难度比较大，重点要在三个方面下工夫：第一，从顶层设计角度规划重塑品牌。要从行业的未来数字化角度而不是行业现状来找到和客户情感联系的品牌特征，加大投入。第二，充分发挥员工在品牌情感塑造中的作用。员工是客户心目中银行形象的主要代表，也是品牌形象的具体化、情感的连接点，要通过员工与客户的互动，充分发挥其情感联系作用。英国Metro银行通过线下的优质人工服务、注重细节的服务，胜过了同区域的花旗等大型银行。要在各级员工的互动中体现品牌的承诺和价值，并落实到员工的具体行为上。同时要把品牌特征纳入整个营运体系，体现在服务的细节和流程中。第三，优化各个渠道的服务体验，体现和支持新品牌的定位。要通过银行的语音系统、网站、员工等各个渠道的互动数据分析洞察客户的体验，细化和改进客户对品牌的认知。

（三）全面优化客户整体体验

一是多层次满足客户体验的内在需求。一般来说，客户对银行服务的体验大致有三层：第一层是满足基本的功能和性能需要，解决客户当下的痛点；第二层是服务全过程的流畅、无障碍、简便、高效；第三层是超预期的获得，可以是服务价值回报超过原先的预期，也可以是满足了个性或情感方面的潜在需求而获得惊喜。对于银行来说，要改变以往单纯以资产管理规模对客户进行分层的管理思维，从专业和情感两方面满足客户需求。专业体现在专业能力上，即能够切实解决客户痛点，满足其金融需求，为客户创造价值。另外，银行的专业还体现在业务流程上，即手续简便，过程高效，重视售前、售中、售后全过程的服务质量。在情感方面：首先，认真倾听客户声音，重视客户关注的小事，尊重客户选择；其次，主动站在客户的立场上思考问题，考虑客户的整体利益和长远利益，注意满足客户的深层次需求和潜在需求。同时，强化风险管理，快速响应客户需求。

二是重视客户的个性化需求。一方面，要利用人工智能、大数据等技术，深入挖掘和动态捕捉客户需求，根据客户自身的特征为客户定制个性化的金融服务和非金融服务。另一方面，要重视客户服务的自主性和参与性。客户通过互动参与服务，会从心理上提高对银行服务的认可度，这可有效提升服务体验。银行要充分利用网络、网点等各种渠道让客户充分选择服务、定制服务，提高服务参与度，让客户成为服务的一部分，让服务成为客户"心中的服务"。

　　三是加快渠道融合，实现全渠道体验的有机整合。目前，一些大型银行只是把线上作为线下客户服务的延伸，其线上客户主要是由线下客户转化而来。一些银行特别是中小银行只是把线上作为引流新客户的手段。同时，各业务条线和部门"各自为战"，信息系统重复建设，信息难以充分共享，客户在银行的旅程体验破碎化、断点化。从实际来看，客户选择网点或线上办理业务并不是完全对立或割裂的。传统网点中习惯线下办理业务的客户在一定条件下也愿意选择线上办理业务。根据德勤咨询对全球 17个国家和地区的 17 100 位受访者进行的一项全球数字化调研：在"增强数据安全性"后有 52% 的受访者可能使用手机银行，有 44% 的受访者在"手机银行能够完成更多常规交易业务"时可能使用手机银行，有 44% 的受访者在"手机银行提供更实时的问题解决方案"时会选择使用手机银行，另外较多的受访者选择"简化登录/授权流程""提交电子签名，通过手机银行完成所有申请流程""通过手机银行获取银行咨询服务""额外的功能，如预算、税务筹划""根据信息预先填写交易表格""更好地与应用软件、设备及其他网站整合"等内容时可能使用手机银行。

　　当线下可以实现"通过提供虚拟远程服务延长客户经理时长""通过数字屏幕自助选择客户经理""为个人预约与客户经理的虚拟视频""银行网点像咖啡厅一样，可以获得电源、闲逛、工作"时，习惯线上办理业务的客户可能会在网点办理更多业务。

　　从国内银行的实践活动来看，对于单一产品、单一功能的单点式接触，客户的流失率都非常高。有历史经验数据表明，只使用 1 个产品，客户流失的概率是 70%～80%；使用 2 个产品，客户流失的概率是 55%；使用 3 个以上的产品，客户流失的概率将降低到 10%～20%。这就是银行大力推行交叉销售、提高产品覆盖度的主要原因之一。同时，开拓新客户的成本远高于旧客户的再次营销成本。一些中小银行通过第三方引流的方式获客，由于客户和银行接触较少，甚至缺乏接触，银行成为单一的资金提供方，客户增长快，流失也快，一些银行的流失率高达 20% 以上。支付宝研究线上客户的营运数据发现，使用 3 个以上功能客户的留存率超过 95%。支付宝通过"三场景"方式，使支付宝度过增长的瓶颈期，2017—2018 年支付宝月活跃用户增长了一倍，超过了 6 亿户，成为全球非社交类的最大 App。银行要从客户整个旅程的角度，整合和优化线上线下各产品之间的服务功能，实现客户的相互推荐、相互引流，使客户在所有渠道的服务体验一致，提高客户留存率。

二、组织文化理念转变

（一）融入平等、包容的创新文化

一是打破以往层级制的"条条框框"束缚，积极对标互联网公司，以项目制为抓手，跨条线、跨层级组建灵活的敏捷组织、柔性团队，改变以往过于严谨的做法，培育包容失败的"容错"创新文化，鼓励创新，形成对创新的多层激励，实行创新失败的"尽职免责"制，推动形成良好的创新文化氛围。

二是建立机制，为敏捷团队和一线员工的数字化创新建立配套的资源保障机制，确保资源有效投入，加大创新激励力度，调动员工创新的积极性和主动性。比如荷兰 ING Direct 银行通过敏捷性变革实行新的工作机制，将 6 个层级、30 多个部门、3 500 名员工变成了 3 个层级、13 个敏捷部落、2 500 名员工，产品上线时间从原来的每年 4~6 个月 1 次缩短为 2~3 周 1 次，员工效率提升了 30%，客户参与度提高了 20 分。

三是打造新型风险管理文化。要积极构建专业的从客户角度思考问题的新型风险管理文化。银行是经营风险的企业，风险是始终存在的，不可能完全规避，不能一味地对风险说"不"，重点是风险管理要主动融入业务，发现风险的源泉，采取有效措施，实现风险和收益的平衡，推动业务的长远发展和客户需求的满足。同时，也要积极运用数字化技术升级风险防控手段，从日常的被动风险管理转向预防式、嵌入式的主动风险管理，实现风险管理的自我主动进化。

（二）建立开放、赋能的共享文化

随着我国居民消费日益个性化、多样化，单靠银行自身很难满足客户金融和非金融服务的多元化需求，迫切需要商业银行改变传统"关起门"独自服务的做法。要主动"走出去"，利用数字技术和外部第三方进行合作，共同打造客户在生产、生活、商务活动中触手可及、无所不在的服务。比如，在 B 端，通过引入大数据、人工智能、物联网、OCR 识别等新兴技术手段，以"交易银行＋供应链＋风控"为突破点，打通企业上下游。通过交易银行的拳头产品，为企业提供风险可控、一站式的全供应链、全交易银行综合化金融服务。在 C 端，以"零售场景综合服务"为抓手，围绕客户旅程构建财富管理、小微生态、消费信贷等金融场景，构建全方位、使金融服务和非金融服务有机结合的综合化服务体系。在 G 端，商业银行要聚焦政府公共治理、社会民生的痛点和难点，充分运用各类数字化技术手段，以"互联网＋政务服务＋普惠金融＋创新应用"四位一体发展为统筹，加快政务、卫生、社区等服务场景建设，打造治理平台化、平台服务化、服务生态化的政务发展新模式。同时，要积极通过开放银行输出金融科技力量，赋能其他合作者，共同在教育、医疗、生活缴费、交通出行等方面打造更好的无界服务，推动社会公共服务的更好发展。在 F 端，面向同业客群，搭建子公司资管云、托管云、同业资金云三大平台，以"资产管理＋资产托管＋同业资金交易＋科技金融"为利器，整合同业金融场景，构建同业客群综合金融服务体系，完善数字化产品平台，为零售、公司等客群经营提供全类别金融产品服务。在和外部第三方建立金融服务共享生态的过程中，银行要重点注意"神形具备"。"神"就是把开放的价值作为全行发展的核心价值观，从而推动业务单元、业务流程以及前中后台管理思维的全面转型；同时，将其融入员工的精神血脉里，通过积极主动的开放推动创新发展。"形"就是全面推动业务和系统开放。要在技术上搭建相关数字化平台，通过端到端的客户数字化流程改造及同其他机构的合作，将银行的核心金融能力渗透进客户旅程的更多场景里，从而将传统的"银行客户流程边界"拓展为开放的"客户旅程无边界"。

在开放合作、共同打造共享服务的过程中，需要特别注意的是，要改变以往银行"一厢情愿"的单一输出思维，要学会赋能合作者。银行要利用自己的技术优势和服务优势赋能合作者，主动和第三方合作者共同打造更为优质的服务，提升客户的整体服务体验。此外，如果一项业务具有商业可持续性，可以直接触达客户，银行可以放在自己的渠道提供服务。对于银行不能自主掌控，但对合作伙伴有用、能够间接服务银行客户的，银行也应该主动赋能合作者，提高合作者的服务水平，比如，银行在大量票据等方面的识别技术和经验可以帮助合作者训练和提高图像智能识别的精准度。

（三）打造和谐、共生的生态文化

在银行内部，要打造良好的数字人才成长环境，实现与员工共同成长。首先，要充分应用数字化技术打造员工成长的新模式。银行不光要聚焦员工职业规划发展路径，也要立足于当前经营的主要问题和员工工作的主要情景，聚焦绩效改善，导入相关快捷、高效的工作方法和工具，用数字化技术进行员工绩效全过程的管理，实现相关知识、经验共享，有针对性地进行绩效辅导。要用 VR 等数字化技术构建个性化、敏捷化、沉浸化、共享化的学习环境，提高员工学习的积极性和主动性。同时，要通过自适应、虚拟现实、模拟系统等多元化的智能技术手段应用，提升数字人才成长的学习效率。其次，要鼓励企业打造多梯次数字人才队伍。银行数字化转型不光需要数据科学家、数据工程师等高层次数字人才，也需要数据分析解读等方面的数据人才。比如，很多公司高管反映，"公司会讲业务语言的人不少，找到能说技术语言的软件工程师也不难"，但缺乏精通分析的业务人才，即能够发现机遇、设计问题、制订解决方案并支持变革的"分析解读师"，也就是应用数字为企业创收益的人。基于未来数字化发展的考虑，银行应提早全面规划各类数字人才梯队建设，加快相关人才的培养。最后，要建立数字人才的晋升通道。目前，较多国内银行员工职业生涯的晋升通道主要在管理职务方面，相关薪酬福利待遇等也主要与之挂钩，虽然有的银行已开展技术序列的升职通道，但福利待遇等还是以行政序列为主。专业技术序列"含金量"相对较低，不利于数字人才成长。为了更好地吸引和留住数字人才，银行应该向科技公司学习，设立管理和专家"双轨"发展路径，允许优秀数字人才快速晋升，提供轮岗、外部培训学习机会以及薪酬福利保障，确保数字人才能够潜心研究，成为专家型人才。

在银行外部，要承担社会责任，与社区、实体经济和社会形成良好的共生文化。首先，银行自身要发展好。银行业是一个外部经济效应十分显著的行业，银行稳，才会实现金融稳和经济稳，进而实现社会稳和民生稳。要以习近平新时代中国特色社会主义思想为指引，把服务实体经济、防控金融风险、深化金融改革作为金融工作的出发点和落脚点，牢牢守住不发生系统性金融风险的底线。银行机构要自觉摒弃短视的经营行为，长期坚持审慎经营。面对较大市场波动时，不片面追求商业利益，主动承担社会责任，主动维护金融体系的稳定和金融安全，有效防控风险，充分发挥银行的"压舱石"和"定盘星"作用。其次，要扎根社区，回报社区。比如，建设银行的"劳动者港湾"利用现有的网点无偿向全社会开放，并提供1.05万个卫生间与公众共享，为快递小哥、环卫工人、出租车司机以及过路者提供歇脚、喝水、手机充电等服务,体现了对社区劳动者的尊重和善待。再次,要切实服务好实体经济。实体经济既是国家强大的基础,也是银行生存发展的立足点和土壤。银行与实体经济血脉相连。银行要善于发挥和运用以大数据、云计算、区块链、人工智能为代表的金融科技的力量,并利用移动互联网、5G通信、物联网等支持实体经济,特别是支持小微企业和民营经济的发展,履行好自己应尽的职责。最后,要学会用"金融这把温柔的手术刀",帮助解决我国国家治理、社会发展中的痛点和难点。比如,建设银行的建信金科帮助云南省政府研发了"一部手机办事通"App。该App后端连接公安、人社、卫健等18个部门,纵向贯穿"省、州、县、乡、村"五级,有516个功能项,能够实现"办事不求人,审批不见面,最多跑一次"的网购般政务体验。整个App始终以民生服务为主线,看不到金融的影子,却能感觉到金融的脉动。

三、数据运用方式转变

(一)持续全面的数据治理

按照"快、准、全、智、易、先"的六字方针,持续落实数据全生命周期治理,赋能客户营销、风险管理、经营管理和监管合规四大领域,提升银行差异化客户服务能力和精细化管理水平;加快关键数据治理、业务用例管理和数据分析平台等建设,打造高水平数据专业团队,大力促进大数据规模化应用;进一步健全组织体系,夯实数据基础,提升数据质量。

一是健全数据管理组织体系。明确董事会、监事会、高管层以及业务部门和分支机构的职责,建立多层次、相互衔接的运行机制。在数据的采集、清洗、整理、存储、使用、后评估等各个环节明确职责分工,并建立相应的奖惩考评机制,确保各个岗位管理不落空、责任落实到位。当前,特别要加强业务条线部门作为重要数据源部门的管理职责，从数据生产源头把好关。

二是建立统一的企业级数据标准体系，提升数据质量，推动数据共享。首先，统一完善行内各业务系统的标准和接口，打通数据隔阂，形成全行统一的数据视图；对重点业务领域的指标进行梳理，从业务口径及技术口径明确指标的标准定义，提出数据标准管理框架体系，重点完成参与人、产品、资源项等主题的数据标准内容建设；建立业务类数据治理架构和监管合规类数据治理架构。其次，统一内外部数据采集标准，持续推动客户、账户、交易等关键业务数据采集入库，同步开展各类非账务日志、客户行为数据以及非结构化数据、外部数据等的采集入库工作；加快行内数据共享标准建设；根据业务需要推动数据标准落地和标准化数据共享，促进数据标准与规范的完善。最后，加快建设数据管控平台，为数据治理工作的实施提供制度及工具支撑。明确黄金数据源认定流程及管理机制，通过系统化手段实现对数据质量的持续监控；建立数据质量持续跟踪评估机制；定期形成数据质量报告，组织推动关键数据治理工作，将数据质量要求贯穿到业务操作过程中，重点推进治理领导机制、数据质量评价机制、统一指标管理体系建设，建立健全全行数据责任人和数据管家制度；持续健全完善制度流程，实现元数据管理能力，并对已有数据管理系统持续优化。同时，聚焦关键数据应用、监管中暴露的问题，梳理相关隐患，并与业务部门协同提升数据质量；推动并落实业务部门一把手责任制，采取源头治理方法，建立业务协同的数据治理机制。

三是以业务应用为驱动，推动数据应用与数据治理相互促进。目前，大多数据基础还较为薄弱，业务条线部门对数据治理参与的积极性不高，可以选择与当前业务痛点紧密结合的重要数据治理问题入手，以业务应用为驱动，统筹数据需求，开展数据专项治理。通过边应用边治理的方式，使数据治理的收益明确化，提高业务条线对数据治理成效的认识，然后多次迭代,逐步实现体系化的数据质量提高和治理完善,从而实现数据应用和数据治理的相互促进。

(二) 数据运用和业务发展深度融合

数据只有运用后才能产生价值,否则,再多的数据也只是一堆没用的数字。对于商业银行而言,数字化转型的目的就是在业务发展中充分利用数据产生的价值,推动业务更好更快地发展。我国商业银行要在技术路线图、业务条线应用能力建设、数据支持等方面加快数据运用和业务发展的深度融合。

一是建立以业务为主导的数字技术路线图。科技是工具,银行应用科技促进发展的底层逻辑是科技提高了银行为客户服务的业务效率。数字技术运用同样如此,要发挥其效率提升的作用,关键是如何在业务中大规模应用。因此,要从战略高度确定需要重塑的传统业务和数字化的新业务路线图,明确数字化目标,让业务领导和技术专家在解决方案上保持一致。同时,业务部门制定的技术路线图能够为技术专家有效支持业务发展指明具体路径,有助于更好地推动业务的数字化转型。

二是为技术和业务的融合创造基本条件。第一,通过数字人才成长计划,储备数字化转型所需的人才;培训管理人员识别新的机会,培养银行内部交付技术能力。第二,通过云平台技术,打造现代化的技术环境,以支持快速开发新的解决方案。第三,通过数据平台,根据技术路线图的数据策略进行相关数据准备和治理。

三是以业务价值为中心,建立有效机制。通过不断迭代升级,逐步改变原有的营运模式,推动数字技术和业务深度融合。一方面,数字技术带来的业务价值提升不是一次就能完成的,要通过多次反复迭代才能渐入佳境。另一方面,要建立有效的激励和协调机制,把已取得成效的数字成果共享到其他领域,推动其他业务领域的发展。各条线数字成果共享后,可以较大程度地避免风险，提升金融科技合力。但要注意成果共享过程中原有利益方的阻挠或妨碍，建立相应的利益挂钩机制，作出利益调整。同时，要建立有效的各条线之间数字成果沟通共享的合作机制。

（三）加强数据安全和规范管理

一是加强数据安全管理。根据中国支付清算协会移动支付和网络支付应用工作委员会发布的《2019 年移动支付用户问卷调查报告》，用户最担心的问题依然是安全隐患，最常遇到的安全问题是个人信息泄露等。商业银行要加强数据安全管理，强化各数字化业务环节的安全标准制定以及规范管理，加强员工安全意识和风险防范意识教育，完善信息安全管理机制，培养既懂安全管理又懂业务的复合型人才。

二是科学规范数据运用。银行要强化数据的边界，要从机制上建立防火墙，防止因短期业绩原因把产品销售给不合适的对象。

三是加强金融消费者保护。商业银行在监管机构的规范和引导下，应及时查处侵害金融消费者合法权益的不当行为，防止因数字化转型产生新的数字鸿沟和金融排斥。同时，将金融消费者保护融入数字化转型战略，研究制定先行赔付、保险补偿等金融消费者保护措施，从源头保护好金融消费者的财产和数据安全；切实履行金融消费者保护职责，通过信息披露、风险提示等方式，避免数字化转型和金融科技创新的风险成本向金融消费者不合理转嫁。

第七章　商业银行数字化转型的主要路径

一、加快战略转型，明确数字化战略的目标定位

首先，回归金融本源，明确战略转型的主要客群定位。当前，我国较多商业银行战略模糊、定位雷同，仍是一味扎堆明星企业和大企业，同质化严重，竞争主要依赖价格战和拼资源投入，在这样的格局下，再好的科技也很难发挥作用。新时期，商业银行要根据我国经济社会发展趋势、自身的优势特点，找准市场定位，真正明白"谁是自己的客户"。同时，在明确自己市场客群定位时，也要清楚自己能够或者将要给客户提供哪些服务，需要科技服务在哪些方面提升客户的体验，要绘制明确的"业务＋技术"路线图，这是科技在金融领域中发挥作用的基础。

其次，从战略高度明确数字化是贯穿业务全过程的数字化。它不是某一环节、某项服务的技术创新，而是业务全流程和方式的重塑。它是客户服务模式、服务思想的变化，不是一个业务部门就能独立完成的，需要相关的业务部门及科技条线通力合作，也需要人力资源、财务资源支持乃至组织体制相应变革。

最后，充分发挥市场机制在数字化转型中的作用。一方面，对数字化创新项目要坚持市场化运作，比如，设立金融科技子公司、金融科技试验

室、金融科技创投基金、前瞻性科技孵化项目等，均要按照市场化评价办法，以技术创新和潜在价值贡献为导向，将解决基础性、技术性、应用性难题作为评估科创成效的落脚点。另一方面，要按照市场化原则选人用人，大力破除年龄、文凭、资历、职位等的限制，在实干中发现人才，在实干中展现人才。

二、加快架构调整，构建轻型敏捷的企业组织

组织架构设计是否科学合理，关系到银行的核心竞争力与服务能力。由于外部环境及客户需求日益复杂化，银行原有的组织架构很难快速作出响应，迫使各银行产生了越来越复杂的组织结构与组织规则。银行应该结合数字化转型战略的部署，打造轻型化、敏捷化的企业组织，赋能员工，进一步增强企业活力。

（一）构筑敏捷企业组织

敏捷组织最早于 2001 年提出。17 名软件开发者在美国犹他州雪鸟滑雪地聚会成立了敏捷联盟，发布了敏捷宣言：个体和互动高于流程和工具，可工作的软件高于详细的文档资料，客户合作高于合同谈判，响应高于遵循计划。后来，敏捷组织逐渐演化成以客户为中心的企业组织方式。敏捷组织对外能够快速应对市场和技术变化，响应客户需求及政府监管部门的要求；它结构扁平、包容开放、持续迭代进化，对内无须颠覆性变化就能轻松应对营运过程中的不确定性和模糊性。敏捷组织最大的特点是以客户为中心，充分赋权员工，决策快速高效，从而全面提升员工敬业度、企业的生产效率以及客户的贡献。员工及其组织方式是企业生产力的核心所在，我国传统银行基本都不是敏捷企业，需要加快组织的敏捷转型才能实现新时期的生产力跃升。由于数字化程度及资源调动能力不同，敏捷组

织形式和营运模式也有所不同，需要各银行根据自己的具体情况选择最适合自己的组织架构。

1. 敏捷组织的主要形式

第一种是试验项目小组。这种小组通常为 10～20 人，由跨部门的业务人员和数字专家组成，专门负责具体数字化项目端到端的实施改造。该小组具有充分决策权，能够以快速迭代的方式，比如，以周或月为周期，响应市场变化，不断优化升级产品，提升产品的交付能力。该种形式对小组成员的敏捷意识和工作经验提升较快，但由于是"点"（相对整个业务和板块而言）的启动，业务效益相对较小。

第二种是数字工厂。将部门业务人员、技术人员以及相应的 IT 资源集中起来进行新应用开发和产品创新，以及新工作方式示范和新思维试验。数字工厂负责全行数字化战略的制定和数字化措施的推动落实。银行的数字化和敏捷化随着数字工厂和业务单元之间的合作逐渐扩散开来。这种形式的缺陷是扩散不均匀，完全取决于数字工厂和业务单元的合作情况。

第三种是特定价值链或业务单元的敏捷化。集中部分业务人员、技术人员对特定的价值链，比如按揭贷款或特定单元，用独立的管控机制以及业绩管理方式进行敏捷化的开发、优化、再造。这种形式的效果取决于业务单元和价值链本身在机构内的价值贡献。这种形式在一定程度上会增加 IT 授权等支持的复杂度。由于价值链和业务单元本身的特殊性，其复制推广也存在一定的局限性。

第四种是全面敏捷化。整个企业全面打破条块限制，实现各业务单元和职能部门同时转型，学习互联网企业，将组织转化为跨职责、多技能团队，各个团队职责明确。整个组织强调对市场的快速响应、快速迭代以及紧跟客户需求。这种形式会极大改变原有的管理体系，迫使企业快速转型。但其面临的挑战也是最多的，包括最佳路线选择、如何集中资源到最有价值的方面，等等。

2. 重新调整领导角色，充分授权团队

在层级结构中，领导的角色定位是规划、指挥与控制，是权威的代表。在敏捷组织中，领导的角色定位要调整。一是要成为方向的指引者，明确指出团队的整体方向，统一团队的目标。二是要成为开放框架的设计者，主要设计"向前看"和"向外看"的框架，在框架内充分授权各层员工实时应对环境的变化。三是要成为员工的教练员，帮助员工在应对环境变化的过程中建立自己所需的技能和思维模式。四是要成为释放员工、客户、合作伙伴等利益相关者潜能的催化剂，通过培育以人为本的变化，塑造敏捷有活力的生态系统，赋能所有参与者。

3. 优化项目决策体系，完善项目审批流程

强化合规审查，将合规审查嵌入项目立项、开发、测试、上线等全生命周期的每个环节。探索项目审批流程优化模式，健全项目分级授权审批流程，强化项目分级分类，完善差异化审批体系。在坚守合规的基础上，探索高效的项目审批方式。建立紧急项目的绿色审批通道，满足快速迭代业务需求，制定适应敏捷组织的项目决策流程。

（二）完善科技创新组织体系

1. 设立高级别的创新委员会

在创新委员会中设立"首席创新官"，由董事长或行长担任。委员会成员应包括分管主要业务条线、科技、风险、IT、人力、财务、研究部门及关键分行的高管。创新委员会负责制定全行创新战略，并整体推动执行，负责对全行的创新进行顶层设计，明确中长期创新战略方向和目标，对重大创新项目进行相关决策，从战略上部署和规划创新的整体联动。

2. 设立日常创新管理机构

细化创新战略并制定实施路线图，将战略分解成具体的创新项目，加强创新项目的过程管控和跟踪。

一是跟踪各创新项目的进展，以双周会、月度会等定期汇报形式，组织创新委员会了解、讨论创新进展，提升创新项目在关键节点上的决策效率，及时纠正项目中存在的问题。

二是跟踪新兴技术在全球银行业的应用情况，同时定期对正在进行和即将开始的创新项目进行费效比等方面的分析、排序和协调，达到时间、收益、风险的均衡（见图 7 - 1）。建议信息科技部短期内聚焦大数据、云计算和人工智能等成熟度高、影响大的重点技术改造银行基础 IT 架构，支撑银行业务快速协同发展；针对区块链等颠覆性技术，开展中期稳健、长期布局的创新项目，形成源源不断的持续创新成果。

图 7 - 1　关于商业银行技术引入节奏的初步建议

三是根据不同分行所在区域特点，制订分行科技能力提升规划，有计划地差异化推广新技术应用。

四是引入金融科技专家组，及时咨询专家组意见，确保全行科技创新能力提升工作的全面性、科学性和可实施性。

3. 建立前沿颠覆性科技创新研发机构

一是成立创新实验室，快速实现对现有业务的渐进式改造。近期可针对云计算、大数据等亟须提升的基础性科技领域，通过项目制管理和运作，明确工作计划，定期交流沟通，以确保各项工作能够整体统筹、打通流程、分工协作、落到实处，实现从部门银行向端到端流程银行的转变。

二是设立孵化机构或天使类投资基金，对市场未来 5 年具有颠覆性的创新概念和思维进行孵化，确定配套机制和资源以加速全新业务的成果转化。近期可聚焦区块链等成熟度较低、影响基础 IT 架构的科技领域，根据科技发展顶层设计开展系统研发，寻找合适的切入口在内部进行小范围实验，探索全渠道、全业务融合提升用户体验之路，快速掌握核心技术，为构建未来的竞争优势作准备。同时，培养机构的风险投资能力，和外部创新机构等其他第三方开展合作，积极发掘新科技和新的业务模式，打造良好的科技合作生态。

三是为创新实验室和孵化机构等配置跨部门的支持团队和客户体验团队，如嵌入式的风险审批、法律合规、人力资源及财务等支持团队，以及 IT 敏捷开发团队、辅导创新的专家团队。

四是小规模试点创新项目，以敏捷的管理机制加速创新迭代。以"短、平、快"的方式规划试点项目，应用敏捷开发的管理模式，以 2 ~ 4 周为周期，将创新成果迅速投放市场或对客户进行测试和反馈，通过小步试错，实现短时间内的不断改进和迭代。

（三）形成制度闭环管理

构建科学、完备、有效的制度体系，结合科技金融实际，体现智能化、数字化理念，满足全行战略发展要求，配合科技金融战略落地。具体措施包括：编制全行信息科技管理办法，对业务管理、科技实施、安全生产、产品及服务评价管理等领域进行规范，逐步健全科技金融制度体系；梳理全行信息科技相关制度文件，持续完善全行科技金融"制度库"；逐步完善覆盖项目支持管理、IT 基础保障、数据服务管理三大类科技金融的管理制度，实现制度入库、更新和清理的闭环管理；建立科技金融培训机制，定期发布科技金融制度框架及清单，开展专题培训，培养全行科技金融人才的合规意识。

三、加快基础改造，打造灵活高效的数字化营运环境

数字化转型离不开灵活高效的数字化营运环境。它包括建立基于我国国情、适合我国商业银行数字化转型需要的 IT 架构，建立数字技术应用和探索平台，加强和监管部门的金融科技交流沟通，从而获得相关支持。

（一）"慢速"和"快速"并重的 IT 架构

我国传统金融基础设施业务系统基本是以账户为基底建立起来的，比如银行业的各类交易系统等。在可以预计的很长一段时间内，我国以账户为中心的交易将长期存在。传统集中式的核心系统对一致性强、实时性高、弹性低、数据高度结构化的账户交易具有很好的适应性。集中式交易系统本身要求可靠性和稳定性，其更新迭代速度相对较慢。而分布式系统能够较好地满足一致性弱、弹性高、数据规模巨大、数据结构多样化的敏捷需求。因此，在未来一定时间内，"慢速"和"快速"并重的 IT 架构最能适应我国商业银行数字化转型需要，即以客户为核心快速迭代的前中台系统和以交易为中心的后台系统并行。

（二）新兴数字技术落地的平台建设

大数据。不断完善大数据技术平台，夯实大数据能力，深化大数据在营销、风险、财务、审计、监管报送等方面的应用。持续推进数据治理，完善大数据平台数据基础；构建大数据的决策、分析、探索平台，统一管理视图和工具，实现决策与业务的联动；推动实时数据平台及应用体系建

设，全面上线并广泛应用实时推荐、实时监测风险、实时决策等相应功能。

云计算。继续完善 IaaS 平台、容器平台、云管平台、云网一体化，推进计算、网络、分布式存储、容器服务等云服务建设，推进基于自主 Java 开发框架的应用模块云服务化和下一代 APaaS 体系、IPaaS 体系建设，拓展集团云与联盟云业务。

人工智能。不断迭代升级智能算法、优化各类模型，逐步深化和推广人工智能在各业务领域的应用，全面推进数据与算法的融合，深化智能推荐、语音识别、智能客服、智能外呼、OCR 单据识别、自然语言交互机器人、信贷风控等领域应用，提升风险管理和客户服务水平。

物联网。推进物联网基础技术平台建设，实时研究国内外物联网技术进展，不断提升商业银行物联网平台的技术能力，构建万物互联的生态体系。加大物联网技术在行业领域的应用，通过智能巡检技术管理 POS 终端风险，提升巡检效率、降低成本，通过物联网在供应链仓储物流中的应用实现端到端的实物追踪，通过传感器对授信企业水、电、气等的使用进行监控，深度感知合作伙伴的经营状态，通过对抵质押物的实时信息感知与监管提升银行的风险管理水平。

5G。加快研究 5G 在客户服务方面的应用。升级远程银行提升客户体验，使用特定专业柜台实现更贴近现实的远程互动。建设智慧厅堂，通过智能设备，如全息展示互动柜、玻璃迎宾屏，给予客户更加智能化、便捷性和科技感的现场服务体验。升级手机银行的服务模式，丰富图文展示形式，通过视频化、直播化的线上互动提升营销效果。运用 5G 技术搭建便捷 ATM、胶囊厅堂、营销展柜，通过丰富的形式支撑客户经理外出拓业，扩展银行在边远地区、大型活动等场景下的服务能力。

区块链。结合国家发展战略和业务需求，在商业银行已构建的区块链平台基础上深耕，试点跨境贸易、委外催收等业务应用，深度探索新型技术基础上的业务模式创新。在供应链方面，从交易、结算、纳税等场景切入，通过智能身份合约、智能资产合约等实现可信任管理，形成分类分层的产品体系，解决上下游供应商融资难、融资贵的问题。此外，商业银行还应主动承担或参与区块链生态圈建设。建议大型银行主动牵头组建区块链生态圈，并承担管理协调职能，科技力量相对薄弱的中小银行可参与区块链体系，以享受区块链技术的前沿成果。

生物识别。生物识别技术的核心是将指纹、人脸、虹膜、静脉、声纹等生物特征转为数字信息，通过计算机算法和模型完成对个人的身份识别和验证。生物识别在银行中主要应用在身份识别与安全认证领域。一方面，根据场景建设需要，逐步推进生物识别技术在自助机具、网点、员工身份认证等多种场景中的应用，提升服务的便捷性。另一方面，由于单一技术可能存在特征伪造等问题，要加强同多种识别技术以及加密等其他安全技术的融合，确保业务的安全性。此外，由于生物识别涉及客户的隐私，要加强安全防护，确保客户隐私安全和数据安全。

（三）加强和监管部门沟通

在一定程度上，金融科技和监管是矛盾关系。"金融科技"既是技术发展的产物，也包含金融的创新，它同时包含二者的风险特征，从而具有更强的隐蔽性及更快速的传播能力。金融科技的过快发展势必对当前的监管体系带来冲击与挑战。金融科技在初创阶段或在取得一定的市场份额之前，其创新产品或服务可能无法纳入目前的监管框架，法律也无法为这些产品和服务提供相应的保护和规范，需要与之相对应的金融监管来防范金融风险。同时，消费者在金融科技领域的权益也需要得到保障。如果对金融科技监管过严，可能会遏制金融科技发展，而任其发展则可能无法避免潜在风险。因此，商业银行和监管部门需加强沟通交流，以实现金融科技带来的效率和风险的平衡。

四、加快渠道建设，打造优质的无边界数字化金融服务

（一）线下渠道优化和转型

全面优化网点布局。第一，优化网点物理布局。要根据城市的资源分布特点、人流聚集、客户资源变化发展趋势、客户结构、市场竞争等因素，充分利用空间聚类分析、空间尺度测量等前沿技术，对现有网点布局进行优化，确保网点布局科学合理。第二，优化网点服务布局。要改变以往"大而全"的服务思路，将不同网点组成网点群落，形成服务的互补协同，解决单一网点功能不足、客户体验不佳的问题。在一个群落里，既有高端的旗舰网点，这类网点重点在于展示银行的综合实力及科技创新，打造银行专业化的高端品牌形象，提供专业、全方位、定制化服务；也有以理财服务为主的中型网点和主题网点，这类网点以某一主题为特色，或以某类客群为主要服务对象，提供综合化服务；还有轻型化的社区网点，这类网点占地面积少，人员精简，主要针对未来发展潜力大、当前配套不成熟、覆盖不足的区域，以提供金融便利为主。

加快网点智能投放，进一步剥离网点交易职能。智慧柜员机、远程交易柜台等设备可进一步分流简单交易。在加快智能设备布放的同时，加快网点的客户行动路线的优化，以及相应的岗位调整和人员配置，优化业务流程和风险防控。

加强人工服务和机器服务的协同，从整体上形成更优质的服务。首先，必须明确的一点是，在很长一段时间内，机器智能还无法完全取代人的智能，高质量的金融服务依然离不开人的服务。其次，要充分发挥网点为线上导流。有调查表明，在人员协助的情况下，线上产品销售率会提高20％以上，客户的服务体验满意度会提高10％以上。再次，要强化网点提

供非标准化、个性化、高价值服务的能力。在机器智能的帮助下，网点人员和客户面对面的交流沟通，能够全面地捕捉客户信息，清楚准确描绘客户需求的性质、结构、收益、风险及潜在可能性，从而为客户提供更有针对性和前瞻性的金融配置服务。最后，要加强网点的银行服务社交化的建设。要将银行服务融入居民的日常生活当中，实现便民服务与机器的基础服务、人的个性服务相结合，提高客户与银行之间的黏合度。

加快自助设备转型。随着网上交易的日益活跃，离行式自助设备交易量下降明显。从已披露自助设备数量的建设银行、浦发银行、民生银行、招商银行、中信银行、工商银行来看，自助设备的总数从 2016 年末的 73 849 个一路下降到了 2019 年 6 月末的 66 098 个，下降了 10.5%（见表 7 – 1）。

表 7 – 1 上市银行自助设备数量 单位：个

银行名称	2019Q2	2018Q4	2017Q4	2016Q4
建设银行	27 778	28 238	29 047	27 872
浦发银行	3 410	3 603	4 131	4 801
民生银行	3 225	3 410	4 485	5 132
招商银行	3 232	3 259	3 340	3 495
中信银行	1 905	2 054	2 656	3 164
工商银行	26 548	26 786	27 196	29 385
总计	66 098	67 350	70 855	73 849

数据来源：Wind。

要加强自助设备的运行情况和运行效益监测，优化区域布局，及时撤并业务量较小的设备，集中投放到客流量密集、取现需求量大的区域。同时，要积极结合场景建设，将自助设备融入其他的场景中，多角度发挥其价值。

（二）综合性服务平台建设

一方面，积极融入各类产业平台，打造综合性平台，围绕平台的上下游提供全面的金融服务，从而实现商流、信息流和资金流融合。除了进行传统的资金结算等交易服务外，重点是要加强这些平台的数据应用。要通过数据对接挖掘实现结算支付、现金管理、融资等多种服务的融合。比如，对供应链的线上自动审批、自动放款、自动预警，等等。又如，可以通过"银行＋银行"平台和"银行＋非银"平台为金融机构同业和各类投资项目提供一体化综合服务。

另一方面，积极完善手机银行、自助设备等原有数字化渠道的服务功能，加大新型数字渠道和场景建设，全方位延伸金融服务，打造社会生活中"触手可及"的"泛在银行"。在这里特别需要明确的是，无论客户使用银行服务的频率如何，银行服务仍是客户享受其他服务伴随产生的次生服务。比如，消费者经常用信用卡去超市买日常用品，刷卡只是消费者购物整体的一部分，要改变以往总是希望吸引客户眼球成为服务主角的做法，和主服务的合作伙伴一起打造良好的客户体验。

（三）多层次开放共赢的生态

一是打造数字化的开放服务生态圈。要根据不同行业发展趋势特点以及银行自身在该行业的战略价值取向，明确在行业生态建设的战略定位。根据生态圈的战略定位，选择不同的服务开放方式以及相应的有潜力的合作者，约定好相应的利益分配及纠纷解决机制，进行端到端的流程改造，配备敏捷性的服务团队，和合作者一起不断升级相关服务，实现内外有效协同。

二是打造金融科技创新生态。从全球来看，越来越多的金融科技公司从原来的与银行竞争逐渐转变为谋求和银行合作。银行可以采用金融科技联盟、科技孵化器等方式，和第三方金融科技公司在提升客户体验、实现端到端的数字化、应用大数据分析以及前沿技术等方面展开合作，共同应对未来金融科技市场的挑战。

三是打造服务和数据的开放平台。比如，通过打造 API 服务平台，可以为机构内各区域的反洗钱等定制服务提供帮助，也可以帮助外部合作者提升客户的个性化增值服务体验。

五、加快机制建设，推动数字化银行快速健康发展

（一）全面的客户评价机制

目前，我国商业银行对客户价值的评价主要集中在存款、贷款、中间业务收入的短期财务效益方面，对客户的全面价值认识不足。比如，客户的社会网络关系影响力，龙头企业、核心企业本身可能不需要银行的贷款，它们却能帮助较多和其有关系的企业与银行合作，这种价值很难直接体现为该客户的财务收益。而且，银行现有的条线、部门分割也造成了无法全面评价客户的整体贡献，比如，对公条线的客户评价视图里难以评价对公客户员工的个人业务价值贡献。因此，要利用数字技术，建立全面、综合、动态的客户价值评价机制，从而建立有针对性的营销策略。

首先，要建立全面综合的客户价值评价模型。客户价值评价模型至少应包含以下内容：（1）客户的当前价值贡献。如各产品收益、风险状况、风险缓释，以及与企业诚信相关方面的内容。在当前收益中，既要考虑资产、负债等方面的可预期的损失，也要考虑信用风险、操作风险、市场风险方面的非预期损失。（2）客户的潜在价值。如现有业务的增量价值，包括存款、贷款、中间业务的增长；客户其他业务或其他条线交叉销售的潜在贡献；客户拥有的关联客群及信息资源的转化价值，比如，各类商会、协会本身金融需求不大，但其名下会员单位众多，能够给银行创造客户池；客户拥有的平台资源价值，如产业化专业平台、跨境交易平台等，这些平台能够衍生规模化的客户资源和信息资源，积累大数据，构建场景金

融；客户忠诚度，忠诚度越高的客户变换银行的可能性越小，为银行创造更多收益的可能性越大。

其次，要建立企业级的客户价值贡献评价统一视图。通过信息系统打破客户信息评价条线孤岛，综合利用客户知识图谱、数据挖掘、数据可视化等数字技术建立客户价值贡献评价统一视图和工具，为各条线、各板块全面认识客户价值贡献、发掘营销潜力、进行综合营销和交叉营销奠定基础。

最后，要建立客户价值动态变化监测机制，并采取有针对性的客户价值提升策略。比如，针对有较高当前价值和潜在价值的拓展型客户，银行应投入主要资源强化客户关系，及时响应其需求，提高客户贡献。对于当前价值低，但可能有发展机会和潜力的维护型客户，银行应尽量维持良好关系，密切注意客户经营动态，根据时机进行新业务的拓展。对于价值较低且无潜在价值的客户，银行要通过集约化方式低成本维护，通过数字化手段动态监测客户的生产经营状况，提前对风险、机会作出预判，及时采取相关措施。对于低价值甚至负价值的客户，银行要加强业务转化和调整。

（二）服务即产品的业务流程运行机制

银行数字化转型就是要实现服务即产品。客户在任何一个金融服务接触点提出服务申请，数字化银行都能通过业务流程立刻为其定制产品，提供相应的交易服务。业务流程的运行机制是模块化的加工，从而组合成新的产品。数字化转型就是利用数字技术使整个业务流程更加自动化、智能化，面向更多客户，实现个性化的定制服务，实现服务即产品的低成本转变。要形成这样新的运行机制，关键有三个方面的转变：第一，重新定义业务流程。业务流程完成的是一个已有产品的分解组装，还是根据客户的情况，将一系列服务模块组合形成一个新的产品。第二，已有的架构和支撑机制已将银行服务解构为可高度复用的模块，这种搭积木式的组装能够高效顺畅地进行，具有高度的可持续性。第三，在数字技术的支持下，这种积木式的定制营运具有商业模式上的可行性，能够大面积地推广应用，产生较强的经济效益。

（三）完善的服务触达机制

一是从客户感知的角度优化客户的服务管理。客户对服务的感知直接影响客户的满意度、忠诚度以及客户购买意愿。从客户的感知来看，影响客户服务评价的因素如下：（1）可靠性，即银行能够准确可靠地履行服务承诺的能力。（2）反应/响应性，即对客户提出的需求能够快速响应。（3）确保性，即银行及服务人员是可以信任的。（4）情感性，即能够关心客户，富有人情味。（5）可感知性/实体性，即服务的过程能够给客户留下印象。在服务转型的过程中，银行要重点加强客户以下四个方面的感知：第一，强化服务补救的公正性。要防止服务过程中的负面情感产生，特别是强化程序和互动方面的公正性感知，建立良好的服务补救措施和机制。第二，充分利用数字技术，改善服务的各个环节和服务规则，比如，用图像、声音识别技术对客户情绪进行感知，启动特别服务流程及时降低客户交互过程中的烦躁等不良情绪，创造良好的沟通条件。第三，创造愉悦的服务情景，重视服务过程的人文情感关怀。第四，加强品牌形象宣传，避免虚假夸大或让客户感触不到。

二是建立保障客户全渠道无缝隙的一致化服务体验协调机制。一方面，实现营运协同。打通内部各个渠道、各个组织机构、各个服务平台，实现各业务条线和服务的数字化营运协同，服务的全过程信息都能被准确计量和收集。另一方面，实现利益机制协同。建立线上线下、各业务条线科学合理的利益协调机制，确保全渠道的营运模式、品类结构、价格体系、促销方式、激励机制等协调一致。只有内部的营运和利益机制协同一致，才能确保客户全渠道整个服务生命周期里的服务体验连续一致，从而全面提升客户的满意度。

三是根据客户体验的人文价值视角优化服务。第一，要强化客群细分，有针对性地开发个性化产品服务。第二，要契合人类的情感需求，创造更丰富的情感体验。第三，要帮助人们摆脱技术的桎梏。新的技术创新给人们带来了新的便利和美好的同时，也给人们带来了新的难题和挑战，需要从人的整体需求角度考虑去进行软硬件、服务方案等整合、统筹优化及虚拟化和幕后化，使其更符合人性的需要。第四，要强化企业数据责任。只有在严格的"公司数据责任"框架下收集、管理和应用数据，才能真正优化数据，提供负责任的产品和服务，让客户真正感受到银行负责任的社会公民形象。

（四）营运的服务保障机制

一是建立适合数字化转型所需的人才供给机制。一方面，要建立健全新时期的数字化人才培训体系。商业银行的数字化需要大量各层次的数字人才，特别是既懂银行业务又懂金融科技的复合型人才。这类人才市场供给不足，单靠引进无法满足银行战略发展的需要。要加强人才成长体系建设，配套相应的人才成长、评价激励等措施，利用机制推动内部人才批量成长。另一方面，要加强高端人才引进，根据市场化原则建立有效机制留住人才。要积极试点实施泛合伙人制度，设立股权、期权激励或收益分成制度等激励机制，让人才发挥应有的作用。

二是建立健全信息安全防护体系。积极推进提升银行系统、网络和基础设施的安全可控水平，加强安全能力建设。在条件成熟并符合业务需求的前提下，未来三年新增系统的安全可控比率要达到监管要求。依据合规、高效、标准化的管控机制，交付稳定、高效、安全的 IT 运营服务。积极落实国家及监管部门的安全要求，保障商业银行网络及信息系统安全运行。

三是切实加强数字化转型的全面风险管理。高度关注数字化转型在操作风险、市场风险、信用风险、信息科技风险和声誉风险等方面带来的新变化，改进和优化现有的风险管理要求，引导商业银行建立健全覆盖业务、网络、技术、数据等各领域、各环节，更加适应数字化时代要求的全面风险管理制度体系。督促商业银行在与各类第三方机构建立开放合作关系时，把合作业务纳入全面风险管理风险框架之下，做好对合作方的尽职调查、风险评估、名单管理和持续监测，承担风险管控的主体责任。

（五）服务数字化标准和规则

标准和规则是服务的基础。金融科技标准和规则对金融服务创新发展和质量提高起着基础性的规范作用，能够较好地服务于消费者，切实保障其合法权益，推动金融业发展，满足监管需要和国家战略发展需要。我国商业银行要重视金融科技的标准和规则制定。一是要瞄准国内及世界银行业的标杆，制定适合银行自己和团体的高标准和规则，发挥标准的示范和引导作用，推动银行创新发展。二是要积极参与行业规范和标准制定，促进银行之间的服务互联互通，提升银行业整体的服务体验。三是要积极"走出去"，建立与全球监管机构、标准化组织等国际机构的合作，参与国际标准和规则制定，提升我国金融服务的世界影响力和软实力。同时，做好金融风险防控的交流与合作，提高世界范围内的风险应对能力。

参考文献

［1］郭晓蓓，蒋亮．5G 与金融的融合路径与应用场景研究［J］．西南金融，2020（1）.

［2］张德茂，蒋亮．金融科技在传统商业银行转型中的赋能作用与路径［J］．西南金融，2018（11）.

［3］陆岷峰．商业银行数字金融的经营与管理［N］．金融时报，2019–11–18.

［4］杨东．防范金融科技带来的金融风险［J］．红旗文稿，2017（8）.

［5］亿欧．2019 全球金融科技创新 50［R］.2019.

［6］数字化转型促进会．赛迪数字转型白皮书［R］.2018.

［7］IFA．中小银行金融科技研究报告（2019）［R］．金融壹账通.2019.

［8］中国科学技术战略发展研究院．中国科技金融年度观察（2019）［R］.2019.

［9］埃森哲．中国企业数字转型指数研究［R］.2018—2019.

［10］埃森哲 &WEF．数字化企业转型白皮书［R］.2018.

［11］埃森哲．传统银行技术投资报告［R］.2019.

［12］毕马威．2019 年金融科技 100 强［R］.2019.

［13］波士顿咨询公司．创新点亮数字化之旅［R］.2020.

［14］麦肯锡．大数据时代 CAO 生存指南［R］.2019.

［15］麦肯锡.2019 年中国银行业 CEO 冬季刊［R］.2019.

［16］麦肯锡.2019 年中国数字消费者趋势报告［R］.2019.

［17］麦肯锡.2019 年中国银行业 CEO 夏季刊［R］.2019.

［18］麦肯锡.2019 年开放银行的全球实践与展望［R］.2019.

［19］麦肯锡.2019 年中国银行业 CEO 春季刊［R］.2019.

［20］麦肯锡.金融行业白皮书：中国金融行业高质量发展之路［R］.2019.

［21］麦肯锡.2018 年中国银行业 CEO 冬季刊［R］.2018.

［22］麦肯锡.中国 Top40 家银行价值创造排行榜（2019）［R］.2019.

［23］德勤咨询.2019 年全球数字银行消费者调研报告［R］.2019.

［24］光大证券.2019 金融科技行业专题报告［R］.2019.

［25］赛迪研究院.2019 年中国数字经济发展指数白皮书［R］.2019.

［26］中国信通院.中国金融科技生态白皮书（2019）［R］.2019.

［27］中国信通院.2019 年数字普惠金融发展白皮书［R］.2019.

［28］中国信通院.2019 年全球数字经济新图景［OR］.2019.

［29］微众银行 & 艾瑞.2019 年中国金融科技价值研究报告［R］.2019.

［30］艾瑞咨询.破晓——2019 年中国金融科技行业研究报告［R］.2019.

［31］艾瑞咨询.2019 年中国商业银行 App 渠道运营报告［R］.2019.

［32］王炯，杨涛.数字化时代银行架构重塑［J］.中国金融，2019（21）.

［33］赵卫星.从新网银行看民营银行数字化转型探索［J］.当代金融家，2019（1）.

［34］谢治春，赵兴庐，刘媛．金融科技发展与商业银行的数字化战略转型［J］．中国软科学，2018（8）．

［35］孙扬．银行场景金融突围型［Z］．苏宁财富资讯公众号，2019 - 12 - 29．

［36］克里斯汀·格隆鲁斯．服务管理与营销：基于顾客关系的管理策略（第 2 版）［M］．韩经纶，等译．北京：电子工业出版社，2002．

［37］易观．2019 年中国数字用户行为变迁专题分析［R］．2019．

［38］易观．2019 年中国数字用户年度分析［R］．2020．

［39］GP. Bullhound. Q3 2019 *sector update Fintech*［R］．2019．

［40］埃森哲．新消费　新格局：成熟企业如何敏捷竞争中国消费市场［R］．2020．

［41］麦肯锡．2020 年中国消费者调查报告［R］．2019．

［42］刘鹤．两次全球大危机的比较研究［M］．北京：中国经济出版社，2017．

［43］胡志九．大数据在商业银行中的应用场景［J］．银行家，2018（5）．

［44］夏鹏．商业银行的"大数据思维"［J］．财经界（学术版），2015（10）．

［45］前瞻研究院．2018 年中国智能银行业发展现状及前景分析，多层次因素将推动银行业转型升级［R］．2019．

［46］于鑫芳．大数据下商业银行发展研究：现状、影响及路径选择［J］．债券，2018（4）．

［47］李庆余．开拓大数据在银行的应用［N］．中国城乡金融报，2014 - 05 - 14．

［48］闫冰竹．大数据时代的银行业发展［J］．中国金融，2013（5）．

［49］王璐．商业银行在"大数据"时代的发展之道［N］．金融时报，2014－06－09．

［50］天津农商银行资金经营部．从阿里金融看银行变革［J］．新金融观察，2013（11）．

［51］蒋曦．商业银行智慧网点的建设策略研究与展望［D］．长沙：湖南农业大学，2018．

［52］埃森哲．智能投顾在中国［J］．软件和集成电路，2019（4）．

［53］李华峰．智能银行的探索与实践［N］．金融时报，2014－05－19．

［54］亿欧智库．开放银行三问："开放什么""向谁开放""为什么开放"［R］．2019．

［55］亿欧智库．打造开放银行，共建金融服务生态圈［R］．2019．

［56］孙中东．开放银行：从开放到赋能［J］．银行家，2019（7）．

［57］何大勇，孙中东，陈本强等．开放银行重构整体价值链［N］．中国保险报，2019－06－11．

［58］李鑫．境外开放银行的发展及影响［J］．中国银行业，2019（7）．

［59］江海．科技驱动下的新型银行发展［J］．中国金融，2018（7）．

［60］李麟．智能银行开启未来银行服务新模式［J］．中国银行业，2016（8）．

［61］余华锦．光大银行：构建智能风控体系，助力实体经济发展［N］．东南网，2019－03－26．

［62］何飞．破解银行金融科技布局困境［J］．中国金融，2019（2）．

［63］杨涛．数字化转型驱动银行业变革［N］．中国城乡金融报，2019－10－30．

［64］潘小明，屈军．金融服务需求模式演变与商业银行渠道管理［J］．南方金融，2018（12）．

［65］蒋亮，罗幼强．银行网点转型趋势与突破重点［J］．中国银行业，2019（11）．

［66］德勤．中国人工智能产业白皮书［R］．2018.

［67］零壹智库．浦发银行人工智能应用布局研究［R］．2019.

［68］蒋亮．商业银行该如何应对互联网"下半场"？［J］．银行家，2019（5）．

［69］蒋亮，郭晓蓓．当下零售银行的数字化突围方向［N］．上海证券报，2019－06－25.